Stark aus eigener Kraft

Jon Kabat-Zinn

Stark aus eigener Kraft

Im Alltag Ruhe finden – Das umfassende Meditationsprogramm für alle Lebenslagen

Otto Wilhelm Barth Verlag

Einzig berechtigte Übersetzung aus dem Englischen von
Theo Kierdorf in Zusammenarbeit mit Hildegard Höhr
Schutzumschlag von Gerhard Noltkämper
unter Verwendung eines Bildes
der Bildagentur Baumann

1. Auflage der Sonderausgabe 1997
Die Originalausgabe erschien unter dem Titel
«Wherever You Go, There You Are» bei Hyperion, New York.

Inhalt

III Achtsamkeit im Alltag

Einleitung

Letztlich läuft alles darauf hinaus: Wo immer wir hingehen, da *sind* wir. Was immer wir tun, *ist*, was wir tun. Was immer wir jetzt denken, das haben wir im Sinn. Was auch immer uns widerfahren sein mag, ist bereits geschehen. Die entscheidende Frage ist, wie wir damit umgehen, mit anderen Worten: «Was jetzt?»

Der Augenblick ist das einzige, womit wir arbeiten können. Nur zu häufig jedoch vergessen wir, daß wir *da* sind, wo wir bereits sind. Augenblick für Augenblick befinden wir uns an der Wegkreuzung des Hier und Jetzt. Doch wenn die Wolke des Vergessens sich über uns senkt, verlieren wir uns genau in diesem Augenblick. «Was jetzt?» wird dann zu einem echten Problem.

Mit «verlieren» meine ich, daß wir zeitweilig den Kontakt zu uns selbst und zum vollen Spektrum unserer Möglichkeiten verlieren. Statt dessen verfallen wir in eine roboterhafte Art, zu sehen, zu denken und zu handeln. Wir unterbrechen dann den Kontakt zu den tieferen Bereichen in uns und berauben uns dadurch oft vielleicht unserer besten Möglichkeiten, kreativ zu sein, zu lernen und zu wachsen. Und wenn wir nicht auf der Hut sind, können sich jene umwölkten Augenblicke ausweiten, bis sie schließlich den größten Teil unseres Lebens ausmachen.

Um wirklich in Kontakt mit unserem Hier und Jetzt zu sein – wo auch immer das sein mag –, müssen wir so lange in unserem Wahrnehmen innehalten, bis der gegenwärtige Augenblick in uns einsinken kann – so lange, bis wir den gegenwärtigen Augenblick wirklich *spüren*, bis wir ihn in seinem ganzen Ausmaß sehen, bis wir seiner gewahr werden und ihn dadurch besser kennenlernen und verstehen. Erst dann können wir die Wahrheit eines Augenblicks unseres Lebens akzeptieren, von ihm lernen und unseren Weg fortsetzen. Doch sind wir statt dessen leider nur zu oft in der Vergangenheit gefangen, in dem, was schon geschehen ist, oder wir sind mit unseren Gedanken bereits in der Zukunft. Wir halten nach einem anderen Ort, einer anderen Situation Ausschau und hoffen, dort besser und glücklicher leben zu können, so, wie es unseren Vorstellungen oder Gewohnheiten entspricht. Die meiste Zeit über sind wir uns dieser inneren Spannung, wenn überhaupt, nur teilweise bewußt. Und wir sind uns bestenfalls auch nur teilweise darüber im klaren, was genau wir in und mit unserem Leben tun, wir sind uns nur teilweise der Auswirkungen unserer Handlungen und, auf einer subtileren Ebene, unserer Gedanken darüber bewußt, was wir sehen und nicht sehen, tun und nicht tun.

Beispielsweise nehmen wir meist wie selbstverständlich an, daß das, was wir denken – die Ideen und Meinungen, die wir zu einem bestimmten Zeitpunkt haben –, «die Wahrheit» über die Vorgänge «draußen» in der Welt und «drinnen» in unserem Geist ist. Das trifft jedoch in den seltensten Fällen zu.

Wir zahlen einen hohen Preis für diese falsche und unüberprüfte Annahme, dafür, daß wir fast mutwillig den Reichtum unserer gegenwärtigen Augenblicke ignorieren. Es kann sogar sein, daß wir nie völlig da sind, wo wir tatsächlich sind, daß wir uns nie dem vollen Spektrum unserer Möglichkeiten annähern. Statt dessen sperren wir uns in die subjektive Fiktion ein, daß wir bereits wissen, wer wir sind und wohin wir gehen, daß wir wissen, was geschieht, obgleich wir in Gedanken, Phantasien und Impulse eingehüllt bleiben – meist in bezug auf Vergangenheit und Zukunft, in bezug darauf, was wir möchten und mögen, fürchten und nicht mögen. Diese Phantasien und Impulse entstehen ständig neu. Sie erschweren uns die Orientierung und verwehren uns den ungetrübten Blick auf den Boden, auf dem wir stehen.

Das Buch, das Sie vor sich haben, handelt vom Erwachen aus solchen Träumen und von den Alpträumen, in die sich unsere Träume häufig verwandeln. Nicht einmal zu wissen, daß man sich in einem Traum befindet, nennen die Buddhisten Unwissenheit oder Mangel an Achtsamkeit; in Fühlung mit diesem Nicht-Wissen zu sein wird hingegen als «Achtsamkeit» bezeichnet. Aus diesen Träumen aufzuwachen ermöglicht die Meditation, das systematische Entwickeln von Achtsamkeit, einem Gewahrsein des gegenwärtigen Augenblicks. Mit diesem Erwachen entsteht etwas, das wir «Weisheit» nennen können, eine tiefere Einsicht in Ursache und Wirkung und in die Verbindung, die zwischen allen Dingen und Wesen besteht. Die Entwicklung dieser Einsicht in das Wesen der Wirklichkeit hat zur Folge, daß wir nicht mehr in einer von uns selbst erfundenen Traumwelt gefangen sind. Um unseren Weg zu finden, müssen wir lernen, dem gegenwärtigen Augenblick achtsamer zu begegnen. Er allein bietet uns die Möglichkeit zu leben, zu wachsen, zu fühlen und uns zu verändern. Wir müssen uns der ungeheuren Zugkraft von Vergangenheit und Zukunft bewußter werden und Vorkehrungen treffen, damit wir nicht ihrer Macht und jener Traumwelt, die sie uns statt unseres realen Lebens vorgaukeln, verfallen.

Da wir uns in diesem Buch mit Meditation beschäftigen wollen, sollte zunächst klargestellt werden, daß es sich dabei nicht um irgendeine geheimnisvolle, seltsame Aktivität handelt – eine Vorstellung, die unter Unkundigen immer noch sehr verbreitet ist. Zu meditieren bedeutet nicht, daß man zu einer Art Zombie, zu einer Pflanze, zu einem selbstversunkenen Narzißten, Nabelbeschauer, «Traumtänzer», Kultanhänger, Guru-Verehrer, Mystiker oder östlichen Philosophen werden muß. In der Meditation geht es ganz einfach darum, man selbst zu sein und sich allmählich darüber klarzuwerden, wer das ist. Uns muß klarwerden, daß wir uns auf dem Weg befinden, dem Weg, der unser Leben ist. Meditation kann uns helfen zu erkennen, daß dieser Weg eine Richtung hat, daß er sich ständig neu darbietet, Augenblick für Augenblick, und daß das, was in diesem Augenblick geschieht, Einfluß darauf hat, was als Nächstes geschehen wird. Diese Erkenntnis ermöglicht es, einen Weg zu wählen, der unserem inneren Wesen entspricht – einen Seelenpfad, einen Pfad mit Herz, einen eigenen Pfad.

Es passiert allzuleicht, daß wir auf einer umnebelten, schiefen Bahn ins Grab schlittern oder daß wir in jener plötzlichen Klarheit, die manchmal dem Augenblick des Todes vorausgeht, aufwachen und erkennen, daß das, was wir all die Jahre lang gedacht und für wichtig gehalten haben, bestenfalls ungeprüfte Halbwahrheiten waren, die auf Angst und Unwissenheit gründeten, daß es unsere eigenen, das Leben einschränkenden Vorstellungen waren und keineswegs die Wahrheit, geschweige denn Schicksal.

Niemand außer uns selbst kann die Arbeit, die zum Erwachen führt, für uns erledigen. Unsere Familie und unsere Freunde mögen manchmal verzweifelt versuchen, zu uns durchzudringen, uns zu helfen, klarer zu sehen oder uns aus unserer Blindheit zu befreien. Doch aufwachen können wir letztlich nur durch unsere eigene Arbeit. *Ich* muß begreifen, daß *ich* dort bin, wo *ich* bin. Es ist *mein* Leben, das sich entfaltet.

Nach einem langen Leben, in dem er sich bemüht hatte, Menschen in der Entwicklung der Achtsamkeit zu unterrichten, wandte sich der Buddha ein letztes Mal an seine Schüler, die nun wahrscheinlich auf eine Weisheit hofften, die es ihnen erleichtern würde, ihren Weg zu gehen. Doch Buddhas letzter Rat an seine Schüler lautete: «Seid euch selbst ein Licht.»

Achtsamkeit hat vor allem etwas mit Aufmerksamkeit und Gewahrsein zu tun, und das sind Qualitäten, die für alle Menschen wichtig und von Wert sind. Doch betrachten wir diese Fähigkeiten häufig als Selbstverständlichkeiten; es kommt uns nicht in den Sinn, sie systematisch im Dienste eines besseren Verständnisses unserer selbst und der Weisheit zu entwickeln. Meditation ist der Prozeß, durch den wir unsere Aufmerksamkeit und unser Gewahrsein vertiefen, verfeinern und sie in unserem Leben besser nutzen lernen.

Ich will keineswegs behaupten, daß Achtsamkeit eine Art Allheilmittel oder eine schnelle Lösung für alle Probleme des Lebens ist. Weit gefehlt. Zaubermittel sind mir nicht bekannt, und offen gestanden suche ich auch nicht danach. Ein erfülltes Leben wird mit breiten Pinselstrichen gemalt. Viele Pfade können zu Verstehen und Weisheit führen. Jeder von uns hat eigene Bedürfnisse, mit denen er sich auseinandersetzen muß, und jedem sind andere Dinge wichtig, die er oder sie im Laufe des Lebens erreichen möchte. Jeder von uns muß seinen eigenen Weg finden, und dieser Weg muß dem entsprechen, wozu wir bereit sind.

Ich schrieb mein erstes Buch, *Gesund und streßfrei durch Meditation*, für die Patienten unserer Streßklinik in der Medizinischen Fakultät der University of Massachusetts. Ich entschloß mich, dieses Buch zu schreiben, weil ich von den erstaunlichen geistigen und körperlichen Veränderungen beeindruckt war, über die Menschen berichteten, sobald sie nicht mehr angestrengt versuchten, die schwerwiegenden Probleme zu lösen, deretwegen sie zu uns in die Klinik gekommen waren, sondern sich acht Wochen lang einer intensiven Disziplin des Sichöffnens und Zuhörens unterwarfen, die für die Praxis der Achtsamkeit charakteristisch ist.

Gesund und streßfrei durch Meditation enthält alle Detailinformationen, die jemand, der sich in großen Schwierigkeiten befindet, braucht, um sich seinen Weg zu bahnen. Es ging mir in jenem Buch darum, auf die Bedürfnisse von Menschen einzugehen, die unter schweren Krankheiten und chronischen Schmerzen sowie unter verschiedenen Arten von streßerzeugenden Situationen leiden. Deshalb enthielt es eine Menge Informationen über Streß und Krankheit, Gesundheit und Heilung sowie ausführliche Anleitungen zur Meditation.

Das vorliegende Buch hat einen anderen Charakter. Es soll einen schnellen und leichten Zugang zur Essenz der Achtsamkeitsmeditation und zu ihren Anwendungen ermöglichen und ist nicht nur oder hauptsächlich für Menschen gedacht, deren Leben von akuten Problemen wie Streß, Schmerz und Krankheit geprägt ist. Es wendet sich speziell an Menschen, die mit strukturierten Programmen Schwierigkeiten haben, und an Menschen, die sich nicht gerne sagen lassen, was sie tun sollen, die jedoch gerne wissen möchten, was Achtsamkeit ist und welche Bedeutung sie hat. Außerdem wendet sich das Buch an Leser, die bereits meditieren und die in ihrem Bestreben, mehr Gewahrsein und größere Einsicht zu entwickeln, nach Unterstützung und neuen Impulsen suchen. Der Schwerpunkt liegt auf dem Geist der Achtsamkeit, sowohl hinsichtlich der beschriebenen Übungen als auch hinsichtlich der Anregungen, die darauf abzielen, die Achtsamkeit in alle Winkel unseres alltäglichen Lebens hineinzutragen. Jedes Kapitel läßt uns durch eine der vielen Facetten des Diamanten der Achtsamkeit schauen, und durch winzige Drehungen des Juwels lassen sich Verbindungen der Kapitel untereinander herstellen. Manche mögen einander ähneln, doch ist jede Facette gleichzeitig auch einzigartig.

Diese Untersuchung des Diamanten der Achtsamkeit widme ich all jenen, die in ihrem Leben nach einem höheren Maß an Gesundheit und Weisheit streben. Um dies zu erreichen, muß man bereit sein, tief in die Gegenwart hineinzuschauen, was auch immer sie beinhalten mag, in einem Geiste der Großzügigkeit und Güte sich selbst gegenüber und der Offenheit gegenüber dem, was möglich sein könnte.

Teil I des Buches untersucht Voraussetzungen und Beweggründe, die persönliche Praxis der Achtsamkeit zu vertiefen. Die Leser werden in diesem Teil dazu aufgefordert, auf verschiedene Weise Achtsamkeit in ihr Leben zu integrieren. In Teil II werden einige grundlegende Aspekte der formellen Meditationspraxis behandelt. Mit formeller Praxis sind jene Zeitspannen gemeint, in denen wir unsere Alltagsaktivitäten unterbrechen, um uns der Entwicklung von Achtsamkeit und Konzentration zu widmen. Teil III erforscht verschiedene Anwendungen und Perspektiven der Achtsamkeit. Am Ende bestimmter Kapitel aller drei Teile des Buches mache ich unter der Überschrift «Übung» konkrete Vorschläge, wie sich Elemente sowohl der formellen als auch der informellen Achtsamkeitspraxis in das Alltagsleben integrieren lassen.

I

Die Blüte des Augenblicks

Nur der Tag bricht an, für den wir wach sind.

Henry David Thoreau, *Walden*

Was ist Achtsamkeit?

Achtsamkeit ist eine alte buddhistische Praxis, die auch für das Leben in der heutigen Zeit noch von großer Bedeutung ist. Diese Praxis hat nichts mit Buddhismus an sich zu tun, und man braucht auch nicht Buddhist zu werden, um sich ihr zu widmen. Vielmehr geht es dabei darum, aufzuwachen und in Harmonie mit sich selbst und der Welt zu leben; zu erforschen, wer wir sind, unsere Sicht von der Welt und unsere Rolle darin zu hinterfragen und jeden Augenblick, in dem wir leben, in seiner Fülle schätzen zu lernen. Doch das wichtigste Ziel der Achtsamkeitspraxis ist, in Kontakt zu kommen mit sich selbst.

Aus buddhistischer Sicht ist der gewöhnliche Wachzustand unseres Bewußtseins äußerst begrenzt und einengend; er ähnelt in vielerlei Hinsicht eher einem langen Traum als dem Zustand wahren Wachseins. Meditation hilft uns, aus diesem Schlaf des Automatismus und des Unbewußtseins aufzuwachen, und eröffnet uns dadurch die Möglichkeit, uns in unserem Leben das vollständige Spektrum unseres bewußten und unbewußten Potentials zu erschließen. Weise, Yogis und Zen-Meister haben diesen Bereich seit Jahrtausenden systematisch erforscht; ihre Erkenntnisse können uns im Westen heute in hohem Maße zugute kommen; sie stellen ein Gegengewicht zu der in unserer Kultur vorherrschenden Tendenz dar, Natur zu unterwerfen und zu beherrschen, statt anzuerkennen, daß wir selbst ein untrennbarer Teil von ihr sind. Die Erfahrung dieser Weisen und Meditationsmeister deutet darauf hin, daß wir durch

Erforschung unseres inneren Wesens und insbesondere unseres Bewußtseins mittels sorgfältiger und systematischer Selbstbeobachtung zu einem Leben gelangen können, das sich durch ein höheres Maß an Zufriedenheit, Harmonie und Weisheit auszeichnet. Außerdem führt die Achtsamkeitspraxis zu einer Weltsicht, die der überwiegend reduktionistischen und materialistischen Sicht, die zur Zeit das Denken und die Institutionen im Westen beherrscht, entgegengesetzt ist. Doch ist diese Sichtweise weder besonders «östlich» noch mystisch.

Im Grunde ist Achtsamkeit ein ziemlich einfaches Konzept. Seine Kraft liegt in der praktischen Umsetzung und Anwendung. Achtsamkeit beinhaltet, auf eine bestimmte Weise aufmerksam zu sein: bewußt, im gegenwärtigen Augenblick und ohne zu urteilen. Diese Art der Aufmerksamkeit steigert das Gewahrsein und fördert die Klarheit sowie die Fähigkeit, die Realität des gegenwärtigen Augenblicks zu akzeptieren. Sie macht uns die Tatsache bewußt, daß sich unser Leben in einer Folge von Augenblicken entfaltet – daß es aus nichts weiter als diesen Augenblicken besteht. Wenn wir in vielen dieser Augenblicke nicht völlig gegenwärtig sind, so übersehen wir nicht nur das, was in unserem Leben am wertvollsten ist, sondern wir erkennen auch nicht den Reichtum und die Tiefe unserer Möglichkeiten, zu wachsen und uns zu verändern.

Ein verringertes Gewahrsein des gegenwärtigen Augenblicks zieht aufgrund unbewußter und automatischer Reaktionen, die häufig tiefen Ängsten und Gefühlen der Unsicherheit entspringen, unvermeidlich weitere Probleme nach sich. Setzt man sich mit diesen Problemen nicht auseinander, so häufen sie sich im Laufe der Zeit, bis wir schließlich das Gefühl bekommen, festgefahren zu sein und den Kontakt zu uns selbst und unserer Umwelt verloren zu haben.

Achtsamkeit ist eine einfache und gleichzeitig hochwirksame Methode, uns wieder in den Fluß des Lebens zu integrieren, uns wieder mit unserer Weisheit und Vitalität in Berührung zu bringen. Sie gibt uns die Möglichkeit, Richtung und Qualität unseres Lebens verantwortlich zu bestimmen, einschließlich unserer Beziehung zu Familie, Arbeit und der Welt als Ganzer sowie – und das ist das Wesentlichste – unserer Beziehung zu uns selbst als Person.

Das Wegzeichen auf diesem Pfad, der für den Buddhismus, den Taoismus und den Yoga gleichermaßen bestimmend ist und den wir auch in den Schriften westlicher Denker wie Emerson, Thoreau und Whitman sowie in der indianischen Weisheit finden, ist die Würdigung des gegenwärtigen Augenblicks und die Entwicklung einer engen Beziehung zum Jetzt, indem man ihm kontinuierlich Aufmerksamkeit schenkt. Dies ist das genaue Gegenteil einer Haltung, die das Leben als eine selbstverständliche Gegebenheit ansieht, um die man sich nicht weiter zu kümmern braucht.

Die Gewohnheit, gegenwärtige Augenblicke zugunsten anderer, die noch kommen werden, zu ignorieren, hindert uns auch, das Netz des Lebens, in das wir verwoben sind, wahrzunehmen. Damit verbunden ist ein Mangel an Gewahrsein und Verständnis unseres Geistes und des Einflusses, den er auf unsere Wahrnehmungen und Handlungen hat. Dies schränkt unsere Sicht dessen, was es bedeutet, ein Individuum zu sein, sowie dessen, wie wir miteinander und mit der Welt verbunden sind, in erheblichem Maße ein.

Wenn wir uns dem Ziel verpflichten, auf offene Weise

aufmerksam zu sein, ohne zu Sklaven unserer Vorlieben und Abneigungen, Meinungen und Vorurteile, Projektionen und Erwartungen zu werden, werden sich uns neue Möglichkeiten eröffnen, und wir erhalten die Chance, uns aus der Zwangsjacke unseres unbewußten Seins zu befreien.

Ich persönlich verstehe Achtsamkeit als die Kunst, bewußt zu leben. Man braucht weder Buddhist noch Yogi zu sein, um Achtsamkeit zu praktizieren. Das wichtigste überhaupt ist, man selbst zu sein und nicht zu versuchen, irgend etwas zu werden, das man nicht schon ist. Im Buddhismus geht es vor allem darum, daß wir in Kontakt mit unserer tiefsten Natur sind und daß diese sich ungehindert aus unserem Inneren heraus manifestieren kann. Buddhismus hat etwas damit zu tun, daß wir aufwachen und die Dinge sehen, wie sie sind. Übrigens bedeutet das Wort «Buddha» nichts anderes als «jemand, der zu seiner eigenen wahren Natur erwacht ist».

Deshalb steht der Weg der Achtsamkeit nicht mit irgendwelchen Überzeugungen oder Traditionen in Konflikt – weder mit religiösen noch mit wissenschaftlichen –, er ist kein neues Glaubenssystem und keine Ideologie. Achtsamkeit ist lediglich eine praktische Methode, mit der Ganzheit unseres Seins in engeren Kontakt zu kommen; dies wird durch einen systematischen Prozeß der Selbstbeobachtung, der Selbsterforschung und des achtsamen Handelns erreicht. Doch ist diese Methode nicht kalt, übermäßig analytisch oder gefühllos. Die Grundhaltung der Achtsamkeitspraxis ist sanft, akzeptierend und nährend. Man könnte sie auch als «Leben aus dem Herzen heraus» beschreiben.

Einfach, aber nicht leicht

Auch wenn es einfach sein mag, Achtsamkeit zu praktizieren, ist es doch nicht unbedingt leicht. Achtsamkeit erfordert Bemühung und Disziplin, weil die Kräfte, die unserer Achtsamkeit entgegenwirken – nämlich gewohnheitsmäßige Unaufmerksamkeit und unreflektierte Verhaltensmuster –, äußerst hartnäckig sind. Sie sind so stark und unserem Bewußtsein so wenig gegenwärtig, daß eine innere Verpflichtung und eine bestimmte Art von Arbeit notwendig sind, nur um unsere Versuche fortsetzen zu können, der einzelnen Augenblicke gewahr zu werden und die Achtsamkeit aufrechtzuerhalten. Doch ist dies eine sehr befriedigende Arbeit, weil sie uns mit vielen Aspekten unseres Lebens in Kontakt bringt, die wir normalerweise übersehen und die uns somit verlorengehen.

Außerdem ist das Üben der Achtsamkeit eine erhellende und befreiende Arbeit. Erhellend ist sie, weil sie es uns ermöglicht, buchstäblich klarer zu sehen und dadurch Bereiche unseres Lebens besser zu verstehen, zu denen wir bisher keinen Zugang hatten oder mit denen wir uns nicht auseinandersetzen wollten. Dazu kann auch gehören, tiefe Emotionen zuzulassen – wie Kummer, Traurigkeit, Verletztheit, Wut und Angst –, die im Gewahrsein zu halten oder bewußt auszudrücken wir uns vielleicht nicht zugestehen. Achtsamkeit kann uns auch helfen, Gefühle wie Freude, inneren Frieden und Glück zu würdigen, die oft unbemerkt an uns vorüberziehen. Achtsamkeit wirkt befreiend, da sie uns ermöglicht, neue Arten zu sein zu entdecken, in uns selbst und in der Welt, Seinsweisen, die uns von jenem Trott befreien, in den wir so oft verfallen. Zudem wirkt Achtsamkeit stärkend, weil uns das Aufmerksamsein Zugang zu den Quellen der Kreativität, Intelligenz, Imagination, Klarheit, Entschlossenheit, Wahlmöglichkeit und Weisheit öffnet, die sich tief in unserem Inneren befinden.

Vor allem merken wir gar nicht, daß wir praktisch ununterbrochen denken. Dieser unablässige Gedankenstrom läßt uns kaum Zeit, innere Stille zu erfahren. Und wir geben uns selbst ohnehin nur sehr wenig Raum, einfach nur zu sein, statt unentwegt umherzulaufen und irgendwelche Dinge zu tun. Unsere Handlungen entspringen nur zu oft einer Getriebenheit, statt daß wir sie achtsam ausführen. Wir lassen uns von jenen ganz gewöhnlichen Gedanken und Impulsen antreiben, die wie ein reißender Fluß oder gar wie ein Wasserfall unseren Geist überspülen. Wir lassen uns von diesem Strom mitreißen, bis er schließlich unser ganzes Leben beherrscht und uns an Orte bringt, zu denen wir gar nicht wollen und von denen wir nicht einmal wissen, daß wir uns dorthin bewegen.

Meditation bedeutet zu lernen, wie wir uns aus diesem Strom befreien können, so daß wir am Flußufer sitzen und dem Rauschen des Wassers lauschen und dann seine Energien nutzen können, auf daß sie uns geleiten statt uns zu tyrannisieren. Dieser Prozeß stellt sich nicht wie von Zauberhand automatisch ein, sondern wir müssen uns darum bemühen. Die Bemühung darum, unsere Fähigkeit, im Jetzt zu sein, zu kultivieren, nennen wir «Übung», «Praxis» oder «Meditationspraxis».

Frage: Wie kann ich eine Verwirrung auflösen, die sich völlig meinem Bewußtsein entzieht?
Nisargadatta: Indem du bei dir selbst bist... indem du dich in deinem Alltag mit wachem Interesse beobachtest, mit der Absicht zu verstehen, statt zu verurteilen, indem du alles, was auftauchen mag, vollständig akzeptierst, weil es da ist – indem du all dies tust, lockst du das, was sich in der Tiefe befindet, an die Oberfläche, so daß es mit seinen bisher gefesselten Energien dein Leben und dein Bewußtsein bereichern kann. Dies ist das große Werk des Gewahrseins; es beseitigt Hindernisse und befreit Energien, indem es zum Verständnis der Natur des Lebens und des Geistes führt. Intelligenz ist die Tür zur Freiheit, und wache Aufmerksamkeit ist die Mutter der Intelligenz.

Nisargadatta Maharaj, *Ich bin...*

Innehalten

Viele Menschen stellen sich Meditation als eine Art besonderer Aktivität vor, doch ist das nicht ganz zutreffend. Scherzend sagen wir manchmal: «Tu nicht einfach irgend etwas, sondern sitze.» (Als Umkehrung von: «Sitz nicht einfach herum, sondern tu was!») Doch Meditation hat auch nicht unbedingt etwas mit Sitzen zu tun, sondern eher mit Innehalten. Die meiste Zeit über rennen wir geschäftig hin und her und *tun* unentwegt etwas. Sind Sie in der Lage, in Ihrem Leben auch nur einen einzigen Augenblick innezuhalten? Könnte es *die-*

ser Augenblick sein? Was würde passieren, wenn Sie es täten?

Eine gute Art, mit allem Tun innezuhalten, besteht darin, für einen Augenblick in den «Seins-Modus» überzuwechseln. Stellen Sie sich vor, Sie wären ein ewiger Zeuge – stellen Sie sich vor, Sie wären zeitlos. Beobachten Sie einfach diesen Augenblick, ohne zu versuchen, ihn auf irgendeine Weise zu verändern. Was geschieht? Was empfinden Sie? Was sehen Sie? Was hören Sie?

Das Merkwürdige beim Innehalten ist, daß Sie, sobald Sie es tun, sofort *hier* sind. Die Dinge werden einfacher. In gewisser Weise ist es, als würden Sie sterben und die Welt um Sie herum würde weiterhin bestehen. Wenn Sie tatsächlich stürben, würden sich Ihre gesamte Verantwortung und alle Ihre Verpflichtungen augenblicklich in Luft auflösen. Das, was davon übrigbliebe, würde auf irgendeine Weise ohne Ihr Zutun erledigt werden. Niemand anders kann die einzigartigen Pläne ausführen, die Sie hatten. Diese würden mit Ihnen sterben oder vergehen, genauso wie es bei allen anderen Menschen, die gestorben sind, der Fall war. Deshalb brauchen Sie sich darüber im Grunde keine Sorgen zu machen.

Und wenn dies so ist, dann brauchen Sie jetzt auch nicht sofort noch jemanden anzurufen, auch wenn Sie vielleicht meinen, daß dies notwendig ist. Sie brauchen auch jetzt nicht sofort etwas zu lesen oder eine weitere Besorgung zu machen. Indem Sie sich ein paar Augenblicke Zeit nehmen, um «absichtlich zu sterben», sich der Hetze des Alltags für einen Augenblick entziehen, während Sie in Wahrheit noch leben, verschaffen Sie sich die notwendige Zeit für die Gegenwart. Indem Sie jetzt auf diese Weise «sterben», werden Sie in Wahrheit lebendiger im Jetzt. Das ist es, was das Innehalten bewirken kann. Es ist nichts Passives daran. Und wenn Sie sich dann entschließen, wieder aktiv zu werden, entsteht eine andere Art von Aktivität, weil Sie innegehalten haben. Das Innehalten macht das Aktivsein lebendiger und reicher, da es Ihr Bewußtsein für die spezielle Beschaffenheit einer Situation weckt. Es hilft uns, all die Dinge, über die wir uns Sorgen machen und bezüglich deren wir uns unzulänglich fühlen, in einem angemessenen Verhältnis zu sehen. Das Innehalten dient uns als Orientierungshilfe.

Übung: Halten Sie hin und wieder im Laufe des Tages inne und werden Sie sich Ihres Atems bewußt. Dazu reichen fünf Minuten oder sogar nur fünf Sekunden. Lassen Sie alles los und akzeptieren Sie den Augenblick voll und ganz, einschließlich dessen, wie Sie sich fühlen und wie Sie das Geschehen wahrnehmen. Versuchen Sie, in solchen Augenblicken absolut nichts zu verändern. Atmen Sie einfach und lassen Sie los. Lösen Sie sich von der Vorstellung, daß in diesem Augenblick irgend etwas anders sein sollte. Geben Sie sich in Ihrem Geiste und in Ihrem Herzen die Erlaubnis, diesen Augenblick genau so sein zu lassen, wie er ist. Und gestehen Sie sich auch zu, genau so zu sein, wie Sie sind. Wenn Sie sich bereit fühlen, dann bewegen Sie sich in die Richtung, in die Ihr Herz Sie führt, und tun Sie dies achtsam und entschlossen.

Das ist es

Zwei Zen-Mönche in Kutten und mit rasiertem Kopf, der eine jung, der andere alt, sitzen mit übereinandergeschlagenen Beinen nebeneinander auf dem Boden. Der Jüngere schaut den Älteren leicht verdutzt an, als dieser sagt: «Nichts geschieht als nächstes. Das ist es.»

So ist es tatsächlich. Wenn wir etwas tun, hoffen wir natürlich, daß unsere Bemühungen zu einem von uns gewünschten Ergebnis führen. Wir streben ein Ergebnis an, selbst wenn es sich dabei nur um ein angenehmes Gefühl handelt. Meditation ist die einzige absichtliche, systematische menschliche Aktivität, bei der es darum geht, *nicht* zu versuchen, die eigene Situation zu verbessern oder irgendwo anders hinzukommen als dorthin, wo wir sind. Bei der Meditation versuchen wir nichts weiter, als uns darüber klarzuwerden, wo wir ohnehin schon sind. Vielleicht liegt ihr Wert genau darin. Vielleicht ist es wichtig für uns, daß wir in unserem Leben zumindest eine Sache einfach um ihrer selbst willen tun.

Doch wäre es nicht ganz richtig, Meditation als ein «Tun» zu bezeichnen. Eher ist sie eine Art des «Seins». Wenn wir jenes «Das ist es» verstehen, ermöglicht uns dies, Vergangenheit und Zukunft loszulassen und mit wachem Geist zu sehen, was wir *jetzt* sind, in diesem Augenblick.

Die meisten Menschen verstehen das nicht von Anfang an. Sie wollen meditieren, um sich zu entspannen, um einen besonderen Zustand zu erfahren, um bessere Menschen zu werden, um Streß oder Schmerzen zu verringern, um alte Gewohnheiten und Muster zu durchbrechen, um frei oder erleuchtet zu werden. Dies alles sind plausible Gründe, um mit der Meditationspraxis zu beginnen. Doch all diese Motive können zu Problemen führen, wenn Sie erwarten, daß die erwünschten Ergebnisse in jedem Fall eintreten werden, weil Sie ja nun meditieren. Sie geraten unter Druck, wenn Sie eine «besondere Erfahrung» machen wollen oder wenn Sie nach Anzeichen für Fortschritte Ausschau halten. Vielleicht regen sich bei Ihnen auch Zweifel darüber, ob Sie den richtigen Weg gewählt haben, oder Sie fragen sich, ob Sie «es richtig machen».

In den meisten Bereichen des Lernens sind solche Gedanken durchaus sinnvoll und angebracht. Natürlich muß sich früher oder später ein Erfolg einstellen, damit Ihr Interesse an einer Sache erhalten bleibt. Doch Meditation ist etwas anderes. Aus der Perspektive der Meditation ist jeder Zustand ein besonderer Zustand, und jeder Augenblick ist ein besonderer Augenblick.

Wenn wir uns von dem Wunsch lösen, daß in diesem Augenblick etwas anderes geschehen möge, als tatsächlich geschieht, machen wir einen grundlegenden Schritt in Richtung dessen, was hier und jetzt ist. Wenn wir hoffen, irgendwohin zu gelangen oder uns auf eine bestimmte Art zu entwickeln, können wir nur von dem Punkt ausgehen, an dem wir uns in diesem Augenblick befinden. Wissen wir jedoch nicht genau, wo wir uns befinden – ein Wissen, das unmittelbar aus der Entwicklung der Achtsamkeit erwächst –, so bewegen wir uns möglicherweise trotz all unserer Bemühungen und Erwartungen im Kreis. Wenn wir also in der Meditationspraxis irgendwohin gelangen wollen, sollten wir aufhören, irgendwohin gelangen zu wollen.

Wenn dein Geist nicht von unnötigen Dingen umwölkt ist, ist dies die beste Jahreszeit deines Lebens.

Wu-Men

Übung: Rufen Sie sich von Zeit zu Zeit in Erinnerung: «Das ist es.» Untersuchen Sie, ob es irgend etwas gibt, worauf dieser Satz nicht zutrifft. Erinnern Sie sich immer wieder daran, daß das Akzeptieren des gegenwärtigen Augenblicks nichts damit zu tun hat, angesichts dessen, was geschieht, zu resignieren. Gemeint ist lediglich, klar zu erkennen und anzuerkennen, daß *das, was geschieht, geschieht.* Diese akzeptierende Haltung schreibt Ihnen nicht vor, was Sie tun sollen. Was als nächstes geschieht, zu welcher Handlung Sie sich entschließen, muß aus Ihrem Verstehen des Augenblicks erwachsen. Sie könnten versuchen, aus einem tiefen Wissen um jenes «Das ist es» heraus zu handeln. Wie beeinflußt dies Ihre Entscheidungen für bestimmte Vorgehensweisen und Reaktionen? Ist es Ihnen möglich, sich in die Betrachtung dessen zu versenken, daß *dies* tatsächlich die beste Jahreszeit, der beste Augenblick Ihres Lebens ist? Wenn es so wäre, was würde es für Sie bedeuten?

Augenblicke einfangen

Die beste Art, Augenblicke einzufangen, ist, aufmerksam zu sein. Auf diese Weise entwickeln wir Achtsamkeit. Achtsam zu sein bedeutet, wach zu sein. Es bedeutet, daß wir wissen, was wir tun. Doch wenn wir anfangen, uns beispielsweise darauf zu konzentrieren, was unser eigener Geist beabsichtigt, verfallen wir häufig sehr schnell wieder in eine unbewußte Art zu sein. Wir kehren zur Automatikschaltung des Nicht-Gewahrseins zurück. Diese Rückfälle in den Zustand des Nicht-Gewahrseins werden häufig durch Unzufriedenheit mit dem hervorgerufen, was wir im betreffenden Augenblick sehen oder fühlen, woraus wiederum das Verlangen danach entsteht, daß etwas anders sein möge, daß die Dinge sich ändern sollen.

Die Gewohnheit des Geistes, dem gegenwärtigen Augenblick zu entfliehen, läßt sich leicht beobachten. Versuchen Sie einfach, Ihre Aufmerksamkeit für kurze Zeit auf ein beliebiges Objekt zu richten. Wahrscheinlich werden Sie dann feststellen, daß Sie, um Achtsamkeit zu entwickeln, sich immer wieder ermahnen müssen, daß Sie wach und bewußt sein wollen. Wir erreichen dies, indem wir uns daran erinnern, zu schauen, zu fühlen und zu sein. So einfach ist das... Augenblick um Augenblick registrieren, über eine Reihe von zeitlosen Augenblicken das Gewahrsein aufrechterhalten, hier sein, jetzt sein.

Übung: Fragen Sie sich in diesem Augenblick: «Bin ich wach?» – «Wo befindet sich mein Geist jetzt?»

Des Atems gewahr sein

Es ist hilfreich, wenn Sie einen Brennpunkt für Ihre Aufmerksamkeit haben, eine Ankerkette, die Sie mit dem gegenwärtigen Augenblick verbindet und die Sie zurückgeleitet, wenn Ihr Geist abschweift. Der Atem erfüllt diesen Zweck ausgesprochen gut. Er kann uns ein guter Verbündeter sein. Indem wir das Gewahrsein auf unseren Atem richten, erinnern wir uns daran, daß wir hier und jetzt sind, und dadurch können wir dann auch vollkommen wach für alles sein, was geschieht.

Unser Atem kann uns helfen, uns der Folge der einzelnen Augenblicke bewußt zu sein. Es ist eigentlich erstaunlich, daß nicht mehr Menschen dies wissen. Schließlich begleitet der Atem uns ständig, und er befindet sich direkt unter unserer Nase. Man sollte meinen, daß jeder irgendwann selbst darauf kommt. Es gibt bei uns die Redensart: «Ich hatte keinen Augenblick Zeit, um auch nur Luft zu holen» – ein Hinweis darauf, daß Augenblicke und Atmen auf interessante Weise miteinander verbunden sind.

Wenn Sie Ihren Atem zur Entwicklung der Achtsamkeit nutzen wollen, brauchen Sie Ihre Aufmerksamkeit nur darauf zu richten, den Atem zu spüren – auf die Empfindung des Einströmens der Luft in den Körper und auf die Empfindung des Ausströmens der Luft aus der Nase. Das ist alles. Einfach nur den Atem spüren. Atmen und wissen, daß Sie atmen. Sie brauchen dazu nicht besonders tief zu atmen oder Ihren Atem in irgendeiner Weise zu forcieren. Sie sollen keineswegs versuchen, etwas ganz Besonderes zu spüren, und ebensowenig brauchen Sie sich zu fragen, ob Sie «richtig» atmen. Es geht auch nicht darum, über das Atmen nachzudenken. Es geht einzig und allein um das Innewerden des Atems, der einströmt, und um das Innewerden des ausströmenden Atems.

Sie brauchen diese Übung nicht krampfhaft über besonders lange Zeit auszuführen. Sich des eigenen Atems bewußt zu werden, um dadurch in den gegenwärtigen Augenblick zurückzukommen, erfordert nicht viel Zeit, sondern nur eine Verlagerung der Aufmerksamkeit. Doch warten große Abenteuer auf Sie, wenn Sie sich ein wenig Zeit zugestehen, um Augenblicke des Gewahrseins aneinanderzureihen, Atemzug um Atemzug, Augenblick um Augenblick.

Übung: Richten Sie Ihre Aufmerksamkeit einen vollständigen Atemzug lang auf Ihren Atem. Verfolgen Sie, wie die Luft in Ihren Körper einströmt und ihn wieder verläßt. Halten Sie Ihren Geist offen und frei für diesen einen Augenblick, für diesen einen Atemzug. Lassen Sie alle Vorstellungen darüber los, daß Sie irgendwo hinkommen wollen oder daß irgend etwas geschehen sollte. Kehren Sie einfach immer wieder zu Ihrem Atem zurück, wenn Ihr Geist abschweift, und reihen Sie Augenblicke der Achtsamkeit aneinander, Atemzug um Atemzug. Probieren Sie dies hin und wieder aus, während Sie dieses Buch lesen.

Kabir sagt: Schüler, sage mir, was ist Gott?
Er ist der Atem im Atem.

Kabir

Üben, üben, üben

Es ist wichtig, kontinuierlich zu üben. Wenn Sie anfangen, sich mit Ihrem Atem anzufreunden, werden Sie sofort merken, daß die Unaufmerksamkeit überall lauert. Ihr Atem lehrt Sie, daß Unaufmerksamkeit nicht nur eine Begleiterscheinung geistiger Aktivität ist, sondern daß diese mit Unaufmerksamkeit geradezu identisch ist. Der Atem bringt dies zu Bewußtsein, indem er uns immer wieder vor Augen führt, daß es alles andere als leicht ist, beim Atmen zu verweilen. Viele Dinge stürmen auf uns ein, tragen uns davon, hindern uns daran, uns zu konzentrieren. Wir sehen plötzlich, daß der Geist im Laufe der Jahre mit allen möglichen Dingen vollgestopft worden ist, einem Dachboden ähnlich, auf dem sich alte Koffer und allerlei Trödel angesammelt haben. Dies zu erkennen ist schon ein großer und wesentlicher Schritt in die richtige Richtung.

Üben bedeutet nicht Proben

Wir benutzen das Wort «Übung» (oder «Praxis»), um das Entwickeln der Achtsamkeit zu beschreiben. Doch ist dieses Wort hier nicht im Sinne eines wiederholten Probens gemeint, auf daß wir immer besser werden und wir die anschließende Aufführung oder Prüfung unter optimalen Voraussetzungen bestreiten können.

Achtsamkeit zu üben bedeutet, daß wir uns in jedem Augenblick vollständig dem Gegenwärtigsein verpflichten. Es gibt keine «Aufführung». Es gibt nur diesen Augenblick. Wir versuchen nicht, irgend etwas zu verbessern oder irgendwohin zu gelangen. Wir streben nicht einmal nach besonderen Einsichten oder Visionen. Wir zwingen uns auch nicht, nicht-urteilend, ruhig oder entspannt zu sein. Und ganz sicher geht es uns nicht darum, unser Selbstbewußtsein zu stärken oder uns in intensiver Beschäftigung mit uns selbst zu ergehen. Vielmehr laden wir uns selbst dazu ein, uns in völligem Gewahrsein mit diesem Augenblick zu verbinden in der Absicht, so gut wir können, hier und jetzt Ruhe, Achtsamkeit und Gleichmut zu verkörpern.

Natürlich werden sich bei ausdauernder Übung und der rechten Art von stetiger und sanfter Bemühung Ruhe, Achtsamkeit und Gleichmut von selbst entwikkeln, aus unserem Streben heraus, in Stille zu verweilen und zu beobachten, ohne zu reagieren und ohne zu urteilen. Realisationen und Einsichten, tiefe Erlebnisse der Stille und Freude werden sich ebenfalls einstellen. Doch wäre es unzutreffend zu sagen, daß wir üben, *um* diese Erfahrungen herbeizuführen.

Der Geist der Achtsamkeit beinhaltet, um des Übens willen zu üben und jeden Moment so anzunehmen, wie er ist – angenehm oder unangenehm, gut, schlecht oder häßlich –, und dann damit zu arbeiten, weil er eben das ist, was jetzt gegenwärtig ist. Machen wir uns diese Haltung zu eigen, so wird das Leben selbst zur Übung. Und wenn das eintritt, sind es eigentlich nicht mehr wir, die üben, sondern die Übung *entfaltet sich* in unserem Leben, und das Leben selbst wird zu unserem Meditationslehrer und Führer.

Auf dem eigenen Weg üben

Die zwei Jahre, die der amerikanische Schriftsteller Henry David Thoreau am Waldensee verbrachte, waren für ihn vor allem ein Erlebnis der Achtsamkeit. Er faßte den Entschluß, sein bisheriges Leben völlig aufzugeben, um sich an der Schönheit und Einfachheit des Gegenwärtigen zu erfreuen. Doch niemand muß sein Alltagsleben hinter sich lassen und sich an einen besonderen Ort begeben, um Achtsamkeit zu üben. Es genügt, sich ein wenig Zeit für die Stille und für das zu nehmen, was wir Nicht-Tun nennen, und sich dann auf den Atem einstimmen.

Der ganze Waldensee befindet sich in Ihrem Atem. Das Wunder des Wechsels der Jahreszeiten liegt in Ihrem Atem; Ihre Eltern und Ihre Kinder sind in Ihrem Atem; Ihr Körper und Ihr Geist sind in Ihrem Atem. Der Atem ist der Strom, der Körper und Geist miteinander verbindet, der uns mit unseren Eltern und mit unseren Kindern verbindet, der unseren Körper mit der Außenwelt verbindet. Er ist der Strom des Lebens, und in diesem Strom gibt es nur goldene Fische. Das einzige, was wir brauchen, um sie klar zu sehen, ist die Linse des Gewahrseins.

> Die Zeit ist nur ein Fluß, in dem ich fischen will. Ich trinke daraus, aber während ich trinke, sehe ich seinen sandigen Grund und entdecke, wie seicht er ist. Seine schwache Strömung verläuft, aber die Ewigkeit bleibt. Ich möchte in tieferen Zügen trinken, im Himmel fischen, dessen Grund voll Kieselsterne liegt.

In der Ewigkeit ist fürwahr etwas Wahres und Erhabenes. Aber alle diese Zeiten, Orte und Gelegenheiten sind jetzt und hier. Gott selbst kulminiert im gegenwärtigen Augenblick und wird nicht göttlicher sein im Verlaufe aller Äonen.

Henry D. Thoreau, *Walden*

Erwachen

Wenn wir die Realität unseres Lebens begreifen wollen, während wir es leben, müssen wir uns der einzelnen Augenblicke bewußt werden. Andernfalls können ganze Tage oder gar unser ganzes Leben unbemerkt verstreichen. Thoreau erkannte am Waldenteich: «Nur der Tag bricht an, für den wir wach sind.»

Sie können dies praktisch umsetzen, indem Sie andere Menschen betrachten und sich fragen, ob Sie sie wirklich sehen oder ob Sie nur die Gedanken sehen, die Sie über diese Menschen haben. Manchmal wirken unsere Gedanken wie eine Traumbrille. Wenn wir diese Brille aufsetzen, sehen wir Traumkinder, einen Traummann, eine Traumfrau, einen Traumjob, Traumkollegen, Traumpartner, Traumfreunde. Wir können in einer Traumgegenwart für eine Traumzukunft leben. Ohne es zu wissen, färben wir alles um, wir drücken allem unseren speziellen Stempel auf. Obgleich sich Dinge in diesem Traum verändern können und dadurch die Illusion entsteht, daß es sich um etwas Lebendiges und Wirkliches handelt, sind wir doch immer noch in einem

Traum gefangen. Doch wenn wir jene Traumbrille absetzen, werden wir vielleicht sehen, was tatsächlich da ist.

Thoreau verspürte das Bedürfnis, sich für längere Zeit aus dem Alltagsleben zurückzuziehen. (Er blieb zwei Jahre und zwei Monate am Waldenteich.) «Ich zog in den Wald, weil ich den Wunsch hatte, mit Überlegung zu leben, dem eigentlichen, wirklichen Leben näherzutreten, zu sehen, ob ich nicht lernen konnte, was es zu lehren hatte, damit ich nicht, wenn es zum Sterben ginge, einsehen müßte, daß ich nicht gelebt hatte.»

Seine tiefste Überzeugung war: «Auf die Beschaffenheit jedes Tages einzuwirken, das ist die höchste aller Künste. ... Ich habe nicht einen Menschen getroffen, der ganz wach gewesen wäre. Wie hätte ich ihm ins Angesicht sehen können!»

Übung: Fragen Sie sich von Zeit zu Zeit: «Bin ich jetzt wach?»

Mein Inneres, höre mir zu, der höchste Geist,
der Lehrer ist nah.
Wach auf, wach auf!

Eile zu seinen Füßen –
Er steht in diesem Augenblick nahe bei deinem Kopf.
Du hast viele Millionen von Jahren geschlafen.
Warum wachst du nicht heute morgen auf?

Kabir

Verschwiegenheit

Wenn Sie sich entschließen, mit Meditationsübungen zu beginnen, besteht keine Notwendigkeit, dies anderen Menschen mitzuteilen oder darüber zu sprechen, warum Sie dies tun oder was es Ihnen gibt. Dadurch verschwenden Sie nur die gerade entstehende Energie und den Enthusiasmus und rauben Ihren Bemühungen die Kraft, noch bevor Sie eine gewisse Stärke entwickelt haben. Besser ist es, zu meditieren, ohne es zuvor öffentlich anzukündigen.

Wenn Sie einen starken Impuls verspüren, über Meditation zu sprechen und darüber, wie wunderbar oder wie schwierig es ist zu meditieren, was es in Ihrem Leben bewirkt oder was nicht, oder wenn Sie jemand anderen fürs Meditieren begeistern wollen, dann sehen Sie diesen Impuls einfach als einen «Anfall» von Denken an, und meditieren Sie ein wenig mehr. Er wird vorübergehen, und das ist für alle Beteiligten besser – besonders für Sie selbst.

Man kann Wellen nicht aufhalten, aber man kann lernen zu surfen

Viele Menschen halten Meditation für eine Methode, die es ermöglicht, den Druck der Umwelt oder des eigenen Geistes zu neutralisieren. Doch das trifft nicht ganz zu.

Meditation bezweckt weder den Ausschluß noch die Abkapselung von der Umwelt. Vielmehr geht es darum, die Dinge klar zu sehen und zielgerichtet die Beziehung zu ihnen zu verändern.

Streß ist ein Teil des Lebens, ein fester Bestandteil des Menschseins, ihm wesenseigen. Doch bedeutet das nicht, daß wir zu Opfern jener Kräfte werden müssen, die in unserem Leben wirken. Vielmehr können wir lernen, mit ihnen umzugehen, sie zu verstehen, einen Sinn in ihnen zu finden, auf kritische Weise Entscheidungen zu treffen und ihre Energien zu nutzen, um an Stärke, Weisheit und Mitgefühl zu wachsen. Die Bereitschaft, das, was ist, anzunehmen und damit zu arbeiten, bildet den Kern jeder Meditationspraxis.

Um zu verstehen, wie Achtsamkeit wirkt, können wir uns unseren Geist als die Oberfläche eines Sees oder Meeres vorstellen. Die Wasseroberfläche wird ständig von Wellen bewegt, manchmal von großen, manchmal von kleineren, und manchmal scheint sie beinahe unbewegt. Die Wellen des Wassers werden durch Winde aufgewirbelt, die kommen und gehen und sich hinsichtlich Richtung und Intensität verändern, so wie auch die Belastungen und die Veränderungen unseres Lebens, die in unserem Geist Wellen erzeugen, sich ständig ändern.

Menschen, die nicht verstehen, was Meditation ist, glauben, es handle sich dabei um eine Art spezieller innerer Manipulation, die auf magische Weise jene Wellen zum Stillstand zu bringen vermag, so daß die Oberfläche des Geistes anschließend glatt, friedvoll und ruhig ist. Doch ebensowenig, wie man die Wellen eines Gewässers beruhigen kann, indem man eine Glasplatte auf die Wasseroberfläche legt, lassen sich die Wellen des Geistes auf künstliche Weise unterdrücken, und es ist auch nicht sonderlich klug, dies zu versuchen, denn dadurch entstehen nur stärkere Spannungen, und der innere Aufruhr wird verschärft – es tritt also keineswegs eine Beruhigung ein. Allerdings bedeutet das nun wiederum nicht, daß es unmöglich wäre, einen Zustand der Geistesruhe zu erreichen. Nur ist sie nicht zu erreichen, indem man versucht, die natürliche Aktivität des Geistes zu unterdrücken.

Wir können durch Meditation Schutz vor einem großen Teil des Windes finden, der unseren Geist aufwühlt. Wir können erreichen, daß die Turbulenzen weitgehend abklingen, weil ihnen die Antriebskraft entzogen wird. Doch letztlich werden die Winde des Lebens und des Geistes immer blasen, ganz gleich, was wir unternehmen mögen, um sie zur Ruhe zu bringen. Meditation beinhaltet, daß wir etwas über das Wesen der Wellen lernen sowie über den Umgang mit ihnen.

Was Achtsamkeitspraxis bedeutet, kommt auf humorvolle Weise auf einem Poster zum Ausdruck, das den über siebzigjährigen Yogi Swami Satschitananda zeigt, wie er mit langem weißem Bart und wehenden Gewändern auf den Wellen einer Bucht in Hawaii surft. Auf dem Poster steht der Satz: «Du kannst zwar die Wellen nicht aufhalten, aber du kannst lernen zu surfen.»

Kann jeder meditieren?

Diese Frage wird mir oft gestellt. Ich habe den Verdacht, viele Leute glauben, jeder außer ihnen könne meditieren. Mit der Frage wollen sie sich versichern, daß sie nicht die einzigen sind, daß es zumindest noch ein paar andere Menschen gibt, mit denen sie sich identifizieren können, unglückliche Seelen, die so wie sie mit der Unfähigkeit zu meditieren geboren worden sind. Doch so einfach liegen die Dinge nicht.

Wenn Sie glauben, Sie seien nicht in der Lage zu meditieren, dann ist das etwa so, als glaubten Sie, Sie seien nicht fähig zu atmen, sich zu konzentrieren oder sich zu entspannen. So gut wie jeder kann ohne große Mühe atmen, unter entsprechenden Umständen vermag so gut wie jeder sich zu konzentrieren, und alle Menschen können sich entspannen.

Doch viele Menschen verwechseln Meditation mit Entspannung oder mit einem anderen speziellen Zustand, in den man gelangen oder den man spüren muß. Wenn Sie es ein- oder zweimal probiert und dabei nichts Besonderes empfunden haben oder zu keinem bestimmten Ergebnis gekommen sind, glauben Sie wahrscheinlich, Sie seien einer von jenen Menschen, die einfach nicht meditieren können.

Bei der Meditation geht es nicht darum, bestimmte Gefühle zu haben. Es geht nicht darum, den Geist leer zu machen oder zu beruhigen, obgleich man durch Meditation die Geistesruhe vertiefen und systematisch entwickeln kann. Vielmehr geht es in erster Linie darum, den Geist so sein zu lassen, wie er ist, und etwas darüber zu lernen, *wie* er in diesem Augenblick ist. Keinesfalls ist das Ziel des Übens, irgendwo anders hinzugelangen, sondern es geht nur darum, sich selbst zuzugestehen, dort zu sein, wo man ohnehin ist.

Natürlich erfordert Meditation Energie und Ausdauer. Wäre es demnach nicht zutreffender zu sagen: «Ich habe nicht genug Ausdauer, um meditieren zu können», als zu sagen: «Ich kann es einfach nicht»? Jeder Mensch kann sich hinsetzen und den eigenen Atem bzw. den eigenen Geist beobachten. Und man braucht dazu nicht einmal zu sitzen. Sie können es auch im Gehen, Stehen und Liegen tun, während Sie laufen oder ein Bad nehmen. Doch auch nur fünf Minuten bei dieser Übung zu bleiben, setzt eine gewisse Entschlossenheit voraus. Und Meditation zu einem festen Bestandteil unseres Lebens zu machen erfordert ein beträchtliches Maß an Disziplin. Wenn also Menschen sagen, sie könnten nicht meditieren, dann meinen sie eigentlich, daß sie nicht bereit sind, Zeit dafür zu opfern, oder daß ihnen, wenn sie zu meditieren versuchen, nicht gefällt, was dann passiert. Solchen Menschen möchte ich raten, es vielleicht noch einmal zu versuchen, diesmal jedoch ohne Erwartungen, und einfach nur zu beobachten.

Lob des Nicht-Tuns

Wenn Sie sich zum Meditieren hinsetzen, auch wenn Sie es nur für einen kurzen Augenblick tun, so ist dies eine Zeit des Nicht-Tuns. Es ist sehr wichtig, sich darüber im klaren zu sein, daß dieses Nicht-Tun nicht gleichbedeutend mit Nichtstun ist. Es könnte keinen größeren Unterschied geben. Wesentlich beim Nicht-Tun sind Bewußtsein und Absicht; sie sind sogar die Schlüssel zum Nicht-Tun.

Oberflächlich betrachtet gibt es zwei Arten des Nicht-Tuns: Die eine besteht darin, daß ein Mensch keine äußerlich sichtbare Arbeit tut, während die andere das beinhaltet, was wir «mühelose Aktivität» nennen könnten. Letztlich werden wir feststellen, daß beide Varianten das gleiche bedeuten. Entscheidend ist die innere Erfahrung, die ein Mensch dabei macht. Was häufig als formelle Meditationsübung bezeichnet wird, heißt, in einer bestimmten Zeitspanne im Tagesverlauf alle äußeren Aktivitäten zu unterbrechen und sich der Entwicklung der inneren Stille zu widmen, wobei es kein anderes Ziel gibt, als in jedem Augenblick völlig gegenwärtig zu sein. Vielleicht sind solche Augenblicke des Nicht-Tuns die größten Geschenke, die ein Mensch sich selbst machen kann.

Thoreau pflegte stundenlang an seiner Eingangstür zu sitzen und einfach zu beobachten, zu horchen, während sich die Sonne über den Himmel bewegte und Licht und Schatten sich veränderten.

> Es gab Zeiten, in denen ich mich nicht entschließen konnte, die Blüte des Augenblicks irgendwelcher Arbeit des Kopfes oder der Hände zu opfern. Ich lasse gern einen breiten Rand an meinem Leben. An manchen Sommermorgen saß ich, nachdem ich mein gewohntes Bad genommen hatte, von Sonnenaufgang bis Mittag in Träumerei versunken, auf meiner sonnenbeschienenen Türschwelle zwischen Fich-

ten, Walnußbäumen und Sumach in ungestörter Einsamkeit und Stille, während die Vögel ringsumher sangen oder leise durch das Haus flatterten, bis ich durch die an das westliche Fenster fallenden Sonnenstrahlen oder durch Wagengerassel auf der Landstraße daran erinnert wurde, daß die Zeit vergeht. In solchen Stunden wuchs ich wie das Korn in der Nacht; sie waren viel besser, als irgendwelches Werk meiner Hände gewesen wäre. Es war keine meinem Leben abgezogene, sondern um soviel dreingegebene Zeit. Ich verwirklichte das, was die Orientalen Beschaulichkeit und Arbeitsenthaltsamkeit nennen. Meistens kümmerte ich mich nicht darum, wie die Stunden verflogen. Der Tag stieg empor, als ob er mein Werk beleuchten wollte. Es war Morgen, aber siehe, nun ist es Abend geworden, und nichts Berichtenswertes ward getan. Statt zu singen wie die Vögel, freue ich mich stillvergnügt meines dauernden Glückes. Wie der Sperling, der auf dem Nußbaum vor meiner Tür sitzt, seinen Triller, so hatte ich mein Lachen, mein innerliches Lied, das er aus meinem Neste erklingen hören konnte.

Henry D. Thoreau, *Walden*

Übung: Erkennen Sie die Blüte des Augenblicks in Ihrer täglichen Meditationspraxis. Wenn Sie früh am Morgen auf sind, gehen Sie ins Freie und betrachten Sie (mit einem beständigen, achtsamen, aufmerksamen Blick) die Sterne und den Mond beim Dämmern des Tageslichts. Spüren Sie (auf beständige, achtsame und aufmerksame Weise) die Luft, die Kälte, die Wärme. Machen Sie sich bewußt, daß die Welt um Sie herum im Schlaf liegt. Denken Sie, wenn Sie die Sterne sehen, daran, daß Sie viele Millionen Jahre in der Zeit zurückschauen. Die Vergangenheit ist hier und jetzt gegenwärtig.

Setzen Sie sich anschließend, oder legen Sie sich hin. Lassen Sie alles los, wechseln Sie in den Seins-Modus, in welchem Sie in Stille und Achtsamkeit verweilen und bei der Entfaltung der Gegenwart von Augenblick zu Augenblick gegenwärtig sind, nichts hinzufügend, nichts übergehend, sondern nur jenes «Das ist es» bestärkend.

Das Paradox des Nicht-Tuns

Der Genuß und die reine Freude des Nicht-Tuns sind für Menschen der westlichen Welt meist schwer zu begreifen, weil unsere westliche Kultur soviel Wert auf das Tun und den Fortschritt legt. Selbst in unserer Freizeit sind wir gewöhnlich geschäftig und achtlos. Die Freude des Nicht-Tuns besteht darin, daß nichts anderes zu geschehen braucht, damit *dieser* Augenblick in sich vollständig ist. Die Weisheit, die darin liegt, und der Gleichmut, der daraus erwächst, sind in dem Wissen begründet, daß sicher etwas anderes folgen wird.

Wenn Thoreau sagt: «Es war Morgen, aber siehe, nun ist es Abend geworden, und nichts Berichtenswertes ward getan», dann ist das für erfolgsorientierte Machertypen wie das rote Tuch für einen Stier. Doch wer vermöchte zu sagen, ob diese Erkenntnisse Thoreaus, die er an einem Morgen vor seiner Haustür hatte, weniger bemerkenswert oder weniger verdienstvoll sind als ein ganzes Leben, das nur der Geschäftigkeit gewidmet war, gelebt ohne das geringste Verständnis für Stille und für die Blüte des Augenblicks?

Thoreau hat ein Lied gesungen, das auch für unsere Zeit nichts an Bedeutung eingebüßt hat. Er weist bis auf den heutigen Tag jeden, der bereit ist zuzuhören, auf die tiefe Bedeutung der Kontemplation und des Loslassens jeglichen Erfolgs hin, der reinen Freude am Sein, die «viel besser [war], als irgendwelches Werk meiner Hände gewesen wäre». Diese Sichtweise erinnert an den Ausspruch eines alten Zen-Meisters: «Hoho! Vierzig Jahre lang habe ich Wasser am Fluß verkauft, und meine Bemühungen sind ohne jegliches Verdienst.»

Das klingt nach einem Paradox. Die einzige Möglichkeit, etwas von Wert zu tun, besteht in der Bemühung des Nicht-Tuns und darin, sich nicht darum zu kümmern, ob, was man tut, von Nutzen ist oder nicht. Andernfalls könnten persönliche Motive und Gier sich einschleichen und die Beziehung zur Arbeit oder gar die Arbeit selbst verderben, so daß sie verzerrt, verunreinigt wird und letztlich nicht befriedigt, selbst wenn sie Erfolge zeitigt. Wissenschaftler kennen diesen Geisteszustand und versuchen, sich gegen ihn zu schützen, weil er den kreativen Prozeß und die Fähigkeit des Menschen, Zusammenhänge klar zu erkennen, behindert.

Nicht-Tun in Aktion

Nicht-Tun kann sich sowohl im Tätigsein als auch im Zustand der Stille manifestieren. Die innere Stille des Handelnden verschmilzt mit der äußeren Aktivität in einem solchen Maß, daß die Handlung sich selbst ausführt: mühelose Aktivität. Nichts wird erzwungen. Es gibt keine Willensanstrengung, kein engstirniges «ich», «wir» oder «mein», das ein Ergebnis für sich reklamiert, und doch bleibt nichts ungetan. Nicht-Tun ist der Eckstein der Meisterschaft in jedem Tätigkeitsbereich. Eine klassische Beschreibung dieses Zustands stammt aus dem China des dritten Jahrhunderts:

Der Koch

Der Fürst Wen Hui hatte einen Koch, der für ihn einen Ochsen zerteilte. Er legte Hand an, drückte mit der Schulter, setzte den Fuß auf, stemmte das Knie an: Ritsch! ratsch! – trennte sich die Haut, und zischend fuhr das Messer durch die Fleischstücke. Alles ging wie im Takt eines Tanzliedes, und er traf immer genau die Gelenke.

Der Fürst Wen Hui sprach: «Ei, vortrefflich! Das nenn ich Geschicklichkeit!» Der Koch legte das Messer beiseite und antwortete zum Fürsten gewandt: «Der *Sinn* ist's, was dein Diener liebt. Das ist mehr als Geschicklichkeit. Als ich anfing, Rinder zu zerlegen, da sah ich eben nur Rinder vor mir. Nach drei Jahren hatte ich's so weit gebracht, daß ich die Rinder nicht mehr ungeteilt vor mir sah. Heutzutage verlasse ich

mich ganz auf den Geist und nicht mehr auf den Augenschein. Der Sinne Wissen hab ich aufgegeben und handle nur noch nach den Regungen des Geistes. Ich folge den natürlichen Linien nach, dringe ein in die großen Spalten und fahre den großen Höhlungen entlang. Ich verlasse mich auf die (anatomischen) Gesetze. Geschickt folge ich auch den kleinsten Zwischenräumen zwischen Muskeln und Sehnen, von den großen Gelenken ganz zu schweigen.
... Die Gelenke haben Zwischenräume; des Messers Schneide hat keine Dicke. Was aber keine Dicke hat, dringt in Zwischenräume ein – ungehindert, wie spielend, so daß die Klinge Platz genug hat. Darum habe ich das Messer nun schon neunzehn Jahre, und die Klinge ist wie frisch geschliffen. Und doch, sooft ich an eine Gelenkverbindung komme, sehe ich die Schwierigkeiten. Vorsichtig nehme ich mich in acht, sehe zu, wo ich haltmachen muß, und gehe ganz langsam weiter und bewege das Messer kaum merklich – plötzlich ist es auseinander und fällt wie ein Erdenkloß zu Boden. Dann stehe ich da mit dem Messer in der Hand und blicke mich nach allen Seiten um. Ich zögere noch einen Augenblick befriedigt, dann reinige ich das Messer und tue es beiseite.»
Der Fürst Wen Hui sprach: «Vortrefflich! Ich habe die Worte eines Kochs gehört und habe die Pflege des Lebens gelernt.»

Chuang-tzu, *Südliches Blütenland*

Die Praxis des Nicht-Tuns

Nicht-Tun ist nicht gleichbedeutend mit Trägheit und Passivität. Ganz im Gegenteil. Es erfordert großen Mut und viel Energie, Nicht-Tun zu entwickeln, sowohl im Zustand der Stille als auch im Tätigsein. Und es ist auch keineswegs leicht, eine besondere Zeit für das Nicht-Tun zu reservieren und angesichts all der vielen Zwänge unseres Alltagslebens konsequent dabeizubleiben.

Menschen, die das Gefühl haben, sie müßten ständig Dinge erledigen, werden möglicherweise feststellen, daß sie sogar mehr und Besseres «tun» können, wenn sie sich im Nicht-Tun üben. Nicht-Tun bedeutet ganz einfach, die Dinge sein zu lassen und ihnen zu gestatten, sich auf ihre eigene Weise zu entfalten. Dies kann ungeheure Mühe kosten, doch ist es eine anmutige, auf Wissen gründende mühelose Bemühung – ein «Tun ohne denjenigen, der tut», das zu entwickeln ein ganzes Leben erfordert.

Mühelose Aktivität tritt in Augenblicken wie beim Tanzen oder beim Sport auf, wenn ein Höchstmaß an Leistung erreicht ist; solche Augenblicke mitzuerleben ist für Zuschauer atemberaubend. Doch kommen Augenblicke des Nicht-Tuns in allen Bereichen menschlicher Aktivität vor, vom Malen über das Reparieren eines Autos bis hin zur Kindererziehung. Jahre des Übens und lange Erfahrung verschmelzen in bestimmten Momenten, so daß eine neue Fähigkeit entsteht, Leistungen zu vollbringen, die jenseits aller erlernten Technik, jenseits aller Anstrengung und jenseits des Denkens liegen. Tun wird zu einem reinen Ausdruck der Kunst, des Seins, des Loslassens allen Tuns – zu einem Verschmelzen von Geist und Körper in Bewegung. Wir begeistern uns dafür, als Zuschauer eine überragende Leistung mitzuerleben, sei es eine athletische oder eine künstlerische, weil wir dadurch die Möglichkeit haben, an der Magie wahrer Meisterschaft teilzuhaben, und weil uns ein solches Erlebnis beflügelt, wenn auch nur für kurze Zeit. Und vielleicht stärken derartige Erlebnisse in uns den Wunsch, solche Augenblicke der Anmut und Harmonie auch in unserem eigenen Leben zu erreichen.

Thoreau meinte: «Auf die Beschaffenheit des Tages selbst einzuwirken, das ist die höchste aller Künste.» Und die Tänzerin Martha Graham sagte über die Kunst des Tanzes: «Wichtig ist nur dieser eine Augenblick in Bewegung. Den Augenblick wichtig machen, so daß er es wert ist, gelebt zu werden. Ihn nicht unbemerkt und ungenutzt entschwinden lassen.»

Kein Meditationsmeister könnte dies besser formulieren. Wenn wir uns der Arbeit an der Entwicklung des Nicht-Tuns widmen, sollte uns klar sein, daß sie uns ein Leben lang begleitet. Und wir sollten uns auch bewußt sein, daß der Modus des Tuns in uns gewöhnlich so stark ist, daß es erhebliche Mühe kostet, das Nicht-Tun zu kultivieren.

Meditation ist gleichbedeutend mit der Praxis des Nicht-Tuns. Wir üben nicht, um Dinge perfekt zu machen oder um zu lernen, etwas perfekt zu tun, sondern um zu begreifen, zu realisieren, daß die Dinge bereits vollkommen sind, so wie sie sind. Dabei geht es ausschließlich darum, den gegenwärtigen Augenblick vollständig zu erfassen, ohne ihm irgend etwas hinzuzufügen, seine Reinheit und die Frische des ihm innewohnenden Potentials, den nächsten Augenblick entstehen zu lassen, wahrzunehmen. Wenn wir so klar wie möglich sehen und uns bewußt sind, daß wir nicht mehr wissen, als wir tatsächlich wissen, handeln wir, setzen wir uns in Bewegung, vertreten wir eine Position, ergreifen wir eine Chance. Manche Menschen bezeichnen dies als «Im-Fluß-Sein» – die Erfahrung, daß ein Augenblick mühelos in den nächsten übergeht, geborgen im Flußbett der Achtsamkeit.

Übung: Versuchen Sie im Laufe des Tages, die Blüte des Augenblicks in jedem Moment zu entdecken, in den gewöhnlichen, in den «mittelmäßigen» und auch in den schwierigen. Arbeiten Sie daran, die Dinge in Ihrem Leben sich entfalten zu lassen, ohne daß Sie etwas erzwingen und ohne daß Sie diejenigen zurückweisen, die Ihrer Vorstellung nicht entsprechen. Versuchen Sie die «Zwischenräume» zu finden, durch die Sie sich im Sinne Chuang-tzus ohne Mühe bewegen können. Achten Sie darauf, wie es Ihren ganzen Tagesverlauf verändern kann, wenn Sie sich früh am Morgen ein wenig Zeit nehmen, nur um zu sein, ohne irgendwelche Pläne zu verfolgen. Versuchen Sie, den vor Ihnen liegenden Tag auf achtsame Weise vorwegzunehmen, indem Sie sich zuerst des Wesentlichen in Ihrem Sein versichern, um so intensiver die Blüte jedes Augenblicks zu empfinden, sie zu würdigen und darauf einzugehen.

Geduld

Bestimmte Einstellungen oder geistige Eigenschaften unterstützen die Meditationspraxis; sie sind wie ein fruchtbarer Boden, in dem die Samen der Achtsamkeit gedeihen können. Durch absichtsvolles Entwickeln dieser Eigenschaften bestellen wir den Boden unseres Geistes und sorgen dafür, daß daraus für unser Leben eine Quelle der Klarheit, des tätigen Mitgefühls und des rechten Handelns entspringt.

Die inneren Eigenschaften, die die Meditationspraxis unterstützen, können nicht aufgezwungen oder angeordnet werden. Wir können sie nur kultivieren, entwickeln und auch dies nur, wenn wir einen Punkt erreicht haben, an dem unsere innere Motivation, nicht länger unser eigenes Leiden und unsere Verwirrung sowie das Leiden und die Verwirrung anderer zu fördern, stark genug ist. Letztlich bedeutet dies, daß wir uns entschließen, uns ethisch zu verhalten.

Ich habe einmal im Radio einen Sprecher sagen hören, daß Ethos «Gehorsam gegenüber dem Unerzwingbaren» sei. Das heißt, man verhält sich aus inneren Gründen ethisch, nicht weil irgend jemand darüber Buch führt oder weil wir bestraft werden können, wenn wir uns den Regeln widersetzen und dabei erwischt werden. Wir marschieren zum Rhythmus unseres eigenen inneren Trommlers. Wir lauschen auf einen inneren Klang, genauso wie wir einen inneren Boden bestellen müssen, wenn wir Achtsamkeit entwickeln wollen. Doch ist es nicht möglich, einen Zustand der Harmonie zu erreichen, ohne sich ethischem Verhalten zu verpflichten.

Ethisches Verhalten gleicht dem Zaun, der die Ziegen fernhält, die sonst all die jungen Pflänzchen im Garten abknabbern würden.

Ich halte Geduld für eine dieser grundlegenden ethischen Einstellungen. Wenn Sie Geduld entwickeln, entsteht fast zwangsläufig Achtsamkeit, und Ihre Meditationspraxis wird allmählich reicher und reifer werden. Wenn Sie nicht versuchen, in diesem Augenblick irgendwo anders zu sein, entwickelt sich die Geduld von selbst. Sie besteht im Erinnern der Tatsache, daß die Dinge sich zur gegebenen Zeit entfalten, ohne daß es dazu eines besonderen Anstoßes bedarf. Man kann die Jahreszeiten nicht zur Eile antreiben. Der Frühling kommt, das Gras wächst von allein. Eile führt gewöhnlich zu nichts und kann viel Leid verursachen – manchmal für uns selbst, manchmal für unsere Nächsten.

Geduld ist eine stets mögliche Alternative zu notorischer Ruhelosigkeit und Ungeduld des Geistes. Wenn Sie die Oberfläche der Ungeduld abkratzen, werden Sie darunter auf mehr oder weniger subtile Wut stoßen. Wut ist eine starke Energie, die nicht will, daß die Dinge so sind, wie sie sind, und die jemanden (oft uns selbst) oder etwas dafür verantwortlich macht und anklagt.

Aus der Perspektive der Geduld geschehen Dinge, weil andere Dinge geschehen. Nichts existiert unabhängig und isoliert von anderem. Es gibt keine letzte Ursache, auf die sich alles zurückführen ließe. Wenn jemand Sie mit einem Stock schlägt, werden Sie wohl kaum wütend sein auf den Stock oder auf den Arm, der den Stock geschwungen hat, sondern Sie werden wütend auf die Person mit dem Stock. Doch wenn Sie ein wenig tiefer schauen, werden Sie auch keinen Angriffspunkt für Ihre Wut finden, nicht einmal bei der Person, die buchstäblich nicht weiß, was sie tut, und deshalb in jenem Augenblick «außer sich» ist. Wo sollte die Verantwortlichkeit liegen? Wer sollte bestraft werden? Vielleicht sollten wir auf die Eltern jenes Menschen wütend sein, weil sie ihn mißhandelt haben, als er noch ein hilfloses Kind war. Vielleicht sollten wir wütend auf die Welt sein, weil sie so wenig Mitgefühl zeigt. Aber was ist die Welt? Sind Sie selbst denn nicht auch ein Teil der Welt? Haben Sie nicht selbst auch Wutanfälle, und verspüren Sie selbst nicht auch unter bestimmten Umständen gewalttätige oder gar mörderische Impulse?

Als der Dalai-Lama bei der Verleihung des Friedensnobelpreises von einem Reporter gefragt wurde, warum er angesichts der Situation seines Landes und seines Volkes nie auch nur das geringste Anzeichen von Wut und Zorn den Chinesen gegenüber zeige, antwortete er: «Sie haben uns alles genommen; soll ich zulassen, daß sie mir auch noch meinen Geist stehlen?»

Diese Einstellung an sich ist schon ein bemerkenswerter Beweis des Friedens – des inneren Friedens, der auf der Gewißheit dessen gründet, was wesentlich ist, und des äußeren Friedens, der jene Weisheit im alltäglichen Auftreten und Handeln verkörpert. Friedfertigkeit und die Bereitschaft, angesichts ungeheuerlicher Provokationen und Leiden geduldig zu sein, können nur durch Entwickeln von Mitgefühl entstehen, eines Mitgefühls, das nicht auf Freunde beschränkt ist, sondern sich auch auf jene erstreckt, die wir als böse ansehen, obwohl sie letztendlich aus Unwissenheit uns und denen, die wir lieben, Leid zufügen.

Ein so umfassendes selbstloses Mitgefühl basiert auf dem, was Buddhisten «rechte Achtsamkeit» und «rechtes Verstehen» nennen. Es entsteht nicht einfach spontan, sondern durch Übung, durch Pflege. Mitgefühl haben bedeutet jedoch nicht, daß Wutgefühle gar nicht erst entstehen. Vielmehr kann die Wut genutzt werden, so daß ihre Energie Geduld, Mitgefühl, Harmonie und Weisheit in uns selbst und vielleicht auch in anderen nährt.

Wenn wir uns der Meditation widmen, entwickeln wir, indem wir innehalten und uns unseres eigenen Atems bewußt werden, die Qualität der Geduld. Die Einladung an uns selbst, offener zu sein, Fühlung zu nehmen, geduldiger mit den einzelnen Augenblicken unseres Lebens zu sein, greift auf natürliche Weise auf andere Situationen in unserem Leben über. Wir wissen, daß die Dinge sich ihrer eigenen Natur gemäß entwikkeln. Wir können es uns zur Gewohnheit machen zuzulassen, daß sich unser Leben auf die gleiche Weise entfaltet. Wir können verhindern, daß unsere Ängste vor und unser Verlangen nach bestimmten Ergebnissen die Qualität des einzelnen Augenblicks dominieren, selbst wenn es sich um eine für uns schmerzhafte Situation handelt. Wenn wir antreiben müssen, treiben wir an. Wenn wir zurückziehen müssen, ziehen wir zurück. Aber wir wissen auch, wann wir nicht anzutreiben und wann wir nicht zurückzuziehen brauchen.

Es wird uns gelingen, den Augenblick auszubalancieren, wenn wir verstehen, daß die Weisheit in der Geduld liegt, wenn wir uns bewußt sind, daß das, was als nächstes kommt, weitgehend dadurch bestimmt wird, wie wir jetzt sind. Es ist hilfreich, sich dies zu vergegenwärtigen, wenn wir in unserer Meditationspraxis die Geduld verlieren oder wenn wir frustriert, ungeduldig und wütend sind.

Hast du die Geduld zu warten,
bis der Schlamm sich gesetzt hat und das Wasser klar ist?
Kannst du unbewegt verweilen,
bis die rechte Handlung von selbst auftaucht?

Lao-tzu, *Tao-te ching*

Ich existiere, wie ich bin, das genügt,
Gewahrt mich kein Mensch in der Welt, so sitz ich zufrieden,
Und gewahren mich alle und jeder, so sitz ich zufrieden.

Eine Welt ist meiner gewahr, bei weitem die größte für mich, und das bin ich selbst,
Und ob ich zum Meinigen heute gelange oder in zehntausend oder in zehn Millionen Jahren,
Ich kann es fröhlich heute nehmen, oder ebenso fröhlich warten.

Walt Whitman, *Grashalme*
«Gesang von mir selbst»

Übung: Schauen Sie in die Ungeduld und die Wut hinein, wenn sie auftauchen. Versuchen Sie, sich eine andere Sichtweise zu eigen zu machen, die erkennen läßt, daß die Dinge sich zur gegebenen Zeit entfalten. Das ist besonders nützlich, wenn Sie das Gefühl haben, unter Druck zu stehen und blockiert zu sein oder sich in etwas verbissen zu haben, das Sie unbedingt haben oder tun wollen. So schwer es Ihnen auch erscheinen mag, versuchen Sie, in solchen Augenblicken dem Fluß zu lauschen, statt ihn anzutreiben. Was erzählt er Ihnen? Was sagt er, das Sie tun sollen? Wenn er nichts sagt, dann atmen Sie einfach, und lassen Sie die Dinge so sein, wie sie sind, überantworten Sie alles der Geduld, und fahren Sie fort zu lauschen. Wenn der Fluß Ihnen etwas rät, dann tun Sie dies, aber tun Sie es achtsam. Und halten Sie anschließend inne, warten Sie geduldig. und wenn es nur für einen einzigen Augenblick ist.

Wenn Sie während der formellen Meditationsübung dem sanften Fluß Ihres eigenen Atems lauschen, dann achten Sie darauf, wie der Geist von Zeit zu Zeit «zerrt», um zu etwas anderem überzugehen, weil er Ihre Zeit ausfüllen will oder weil er das, was geschieht, ändern will. Versuchen Sie, statt sich in solchen Situationen zu verlieren, geduldig weiter dem Atem zu folgen, mit einem geschärften Gewahrsein dessen, was sich in jedem Augenblick entfaltet. Lassen Sie zu, daß es sich entfaltet, wie es will, ohne irgend etwas erzwingen zu wollen... einfach beobachten, nur atmen... Stille verkörpern.

Loslassen

Der Ausdruck «Loslassen» klingt in unseren Ohren mittlerweile abgenutzt und wird ständig mißbraucht – ein typisches New-Age-Klischee eben. Und doch ist das, was damit bezeichnet wird, ein so machtvoller innerer Vorgang, daß es der Mühe wert ist, sich näher damit zu beschäftigen.

Der Begriff «Loslassen» bedeutet genau das, was das Wort ausdrückt. Es handelt sich um eine Einladung, sich an nichts mehr zu klammern – ganz gleich, ob es sich um eine Idee, ein Ding, ein Ereignis, eine bestimmte Zeit, eine bestimmte Sicht oder ein bestimmtes Verlangen handelt. Loszulassen bedeutet, sich ganz bewußt dem Strom der Augenblicke hinzugeben, es bedeutet, daß man aufhört, Dinge erzwingen zu wollen, Widerstand zu leisten oder für etwas zu kämpfen. Man gibt all dies auf zugunsten von etwas, das machtvoller und gesünder ist und das entsteht, wenn man zuläßt, daß die Dinge so sind, wie sie sind, ohne daß man sich in Vorlieben oder Abneigungen ihnen gegenüber verstrickt, in die «klebrigen» Sphären des Verlangens, Mögens und Nichtmögens. Loslassen ähnelt dem Öffnen der Hand, um etwas freizugeben, das man festgehalten hat.

Aber es ist nicht nur das Klettenhafte unseres auf äußere Dinge gerichteten Verlangens, das uns gefangenhält. Ebensowenig ist es nur das Festhalten mit unseren Händen. Wir halten uns auch mit unserem Geist fest. Wir halten uns selbst gefangen, fahren uns fest, indem wir uns, oft verzweifelt, an eigennützige Hoffnungen und Wünsche klammern. Loslassen bedeutet, uns mit dem heftigen Zerren unserer eigenen Vorlieben und Abneigungen bewußt auseinanderzusetzen, ebenso wie mit dem Mangel an Gewahrsein, der uns dazu bringt, ihnen anzuhaften. Um uns dies bewußtzumachen, müssen wir zulassen, daß unsere Ängste und Unsicherheiten sich vollständig im Lichte unseres Gewahrseins präsentieren.

Wir können nur dann wirklich loslassen, wenn es uns gelingt, uns eine verfahrene Situation in ihrem vollen Ausmaß zu Bewußtsein zu bringen und sie mit einer akzeptierenden Haltung anzuschauen – wenn wir es uns zugestehen, jene Linsen zu erkennen, die wir gewöhnlich unbewußt zwischen Beobachter und Beobachtetes schieben und die dann das, was wir sehen, filtern und färben, verzerren und verformen. Wir können uns in jenen «klebrigen» Augenblicken öffnen, besonders wenn es uns gelingt, sie mit Gewahrsein zu erfassen und zu erkennen, wenn wir gerade dabei sind, um unseres eigenen Vorteils willen Dingen nachzujagen, ihnen anzuhaften, sie zu verdammen oder sie abzulehnen.

Innere Stille, Einsicht und Weisheit entstehen nur, wenn es uns gelingt, völlig in diesem Augenblick zu sein, ohne nach etwas zu suchen, an etwas festzuhalten oder etwas abzulehnen. Dies ist eine These, die Sie selbst überprüfen können. Versuchen Sie es einmal nur so zum Spaß. Wenn ein Teil von Ihnen an etwas festhalten will, dann probieren Sie aus, ob Ihnen das Loslassen nicht eine tiefere Befriedigung gibt als Anhaften.

Nicht-Urteilen

Wenn wir anfangen zu meditieren, merken wir recht bald, daß ein Teil unseres Geistes permanent unsere Erfahrungen bewertet, sie mit anderen Erfahrungen vergleicht oder sie an Erwartungen und Maßstäben mißt, die oft aus einer Angst heraus entstehen. Das kann die Angst davor sein, daß wir nicht gut genug sind, daß schlimme Dinge geschehen werden, daß Gutes nicht von Dauer ist, daß andere Menschen uns verletzen könnten, daß wir nicht unseren Willen bekommen, daß nur wir wissen, wie die Dinge tatsächlich liegen, oder daß wir die einzigen sind, die nichts wissen. Wir neigen dazu, die Dinge durch getönte Gläser zu sehen: durch den Filter, der danach unterscheidet, ob etwas gut oder schlecht für uns ist bzw. ob es mit unseren Glaubenssätzen oder Anschauungen übereinstimmt. Wenn etwas gut ist, mögen wir es. Wenn es schlecht ist, mögen wir es nicht. Wenn es weder gut noch schlecht ist, haben wir weder positive noch negative Gefühle und bemerken das betreffende Phänomen wahrscheinlich kaum.

Wenn wir in Stille verweilen, äußert sich der urteilende Geist oft mit der Stärke eines Nebelhorns. «Ich mag den Schmerz in meinem Knie nicht... Das ist langweilig... Ich mag dieses Gefühl der Stille; gestern habe ich gut meditiert, heute läuft es nicht so gut... Bei mir funktioniert es einfach nicht. Ich kann das nicht. Ich bin einfach nicht gut...» Diese Art zu denken beherrscht den Geist und drückt ihn nieder. Es ist so, als würde man einen Koffer voller Steine auf dem Kopf herumtragen. Stellen Sie sich einmal vor, wie es sich anfühlen würde, wenn Sie von jeglichem Urteilen völlig absehen und statt dessen jeden Augenblick einfach so belassen, wie er ist, ohne ihn als «gut» oder «schlecht» zu bewerten. Das Ergebnis wäre echte Stille, eine echte Befreiung.

Meditation beinhaltet, allem gegenüber, was im Geist auftaucht, eine nicht-urteilende Haltung einzunehmen. Ohne eine solche Haltung ist Meditation nicht möglich. Das bedeutet jedoch nicht, daß das Urteilen völlig aufhört, sobald wir meditieren. Natürlich tun wir dies auch weiterhin, weil es charakteristisch für unseren Geist ist, zu vergleichen, zu urteilen und zu bewerten. Deshalb versuchen wir nicht, die Tendenz zu urteilen zu unterbinden oder zu ignorieren, sobald sie auftritt – ebensowenig wie wir versuchen, irgendwelche anderen

Gedanken zu unterbinden, die in unserem Geist auftauchen.

In der Meditation begnügen wir uns damit, einfach zu beobachten, was im Geist oder im Körper auftaucht, und es als das zu erkennen, was es ist, ohne es zu verurteilen oder uns aktiv damit zu beschäftigen. Dies tun wir in dem Bewußtsein, daß wir es nicht vermeiden können zu urteilen und daß unsere Urteile gar nichts anderes sein können als einschränkende Gedanken *über* das Erleben. In der Meditation geht es darum, direkten Kontakt zum Erleben selbst herzustellen – ganz gleich, ob es sich dabei um ein Einatmen, ein Ausatmen, eine Empfindung oder ein Gefühl, einen Klang, einen Impuls, einen Gedanken, eine Wahrnehmung oder ein Urteil handelt. Außerdem bleiben wir wachsam gegenüber der Gefahr, uns in den Phänomenen zu verlieren, das Verurteilen selbst zu verurteilen oder manche Urteile als gut und andere als schlecht zu bewerten.

Obwohl unser Denken unser gesamtes Erleben prägt, sind unsere Gedanken meist nicht völlig korrekt. Gewöhnlich sind sie lediglich Verallgemeinerungen unserer persönlichen Meinungen, Reaktionen und Vorurteile, die auf begrenztem Wissen beruhen und die hauptsächlich unter dem Einfluß früherer Konditionierungen entstanden sind. Deshalb kann unser Denken uns daran hindern, im gegenwärtigen Augenblick klar zu sehen. Wir *denken*, wir wüßten, was wir sehen und fühlen, doch durch Projektion unserer Urteile lösen wir einen Verständnis-Automatismus aus. Sich eines tief verankerten Musters bewußt zu sein und es zu beobachten, wenn es aktiviert wird, hilft uns, weniger automatisch zu urteilen, empfänglicher zu werden und uns allgemein eine Haltung der Akzeptanz anzueignen.

Dies bedeutet nicht, daß wir fortan nicht mehr in der Lage sind, verantwortlich zu handeln, oder daß alles, was andere Menschen tun, für uns von vornherein unangreifbar ist. Es bedeutet lediglich, daß wir mit wesentlich größerer Klarheit, ausgeglichener, effektiver und ethischer zu handeln vermögen, wenn wir wissen, daß wir uns in einem Strom unbewußten Mögens und Nicht-Mögens befinden, der uns von der Welt und von der grundlegenden Reinheit unseres Seins trennt. Die Geisteszustände des Mögens und Nicht-Mögens können sich bei uns dauerhaft einnisten und, ohne daß wir uns dessen bewußt werden, Suchtverhalten in allen Lebensbereichen fördern. Wenn wir die subtilen Samenkörner der Gier und des Verlangens erkennen und benennen können, die sich im ständigen Habenwollen und in der Jagd nach Dingen und wünschenswerten Ergebnissen äußern, sowie die Samenkörner der Abneigung und des Hasses, die sich in Zurückweisung und Vermeidung manifestieren, so läßt uns dies innehalten und erinnert uns daran, daß diese Kräfte in unserem eigenen Geist ständig mehr oder weniger stark aktiv sind. Sicher ist es nicht übertrieben zu sagen, daß diese Kräfte wie eine chronische Vergiftung wirken, die uns daran hindert, die Dinge so zu sehen, wie sie tatsächlich sind, und unser wahres Potential zu mobilisieren.

Vertrauen

Vertrauen ist ein Gefühl der Zuversicht oder der Überzeugung, daß die Dinge sich in einem verläßlichen Rahmen entfalten, der Ordnung und Integrität beinhaltet. Wir verstehen vielleicht nicht immer, was mit uns oder anderen vor sich geht oder was in einer bestimmten Situation geschieht; doch wenn wir uns selbst oder einander vertrauen oder wenn wir Vertrauen in einen Prozeß oder ein Ideal setzen, so kann dies für uns ein machtvolles stabilisierendes Element sein, das Sicherheit, Ausgewogenheit und Offenheit schafft und uns, sofern diese Haltung nicht auf Naivität beruht, intuitiv geleitet und vor Schaden oder selbstzerstörerischen Handlungen schützt.

Es ist wichtig, im Rahmen der Achtsamkeitspraxis den Gefühlszustand des Vertrauens zu kultivieren, denn wenn wir kein Vertrauen in unsere Fähigkeit haben, zu beobachten, offen und aufmerksam zu sein, über Erfahrungen zu reflektieren, durch Beobachtung und Aufmerksamkeit zu wachsen und zu lernen, etwas tief zu wissen, dann werden wir kaum die zur Entwicklung all dieser Fähigkeiten notwendige Ausdauer aufbringen. Was wiederum bedeutet, daß sie verdorren oder brachliegen.

Schauen wir uns zunächst gründlich an, worauf wir bei uns selbst vertrauen können. Falls uns nicht klar ist, welchen Anteilen in unserem Inneren wir vertrauen können, müssen wir vielleicht ein wenig tiefer in uns hineinschauen, ein wenig länger still in uns selbst, im bloßen Sein verweilen. Wenn wir uns nicht dessen bewußt sind, was wir während eines großen Teils der Zeit tun, und wenn uns die Art, wie sich unser Leben entwickelt, nicht sonderlich behagt, ist es angezeigt, einmal genauer hinzuschauen, den Kontakt zu uns selbst zu intensivieren, über die Entscheidungen, die wir treffen, und ihre Konsequenzen zu reflektieren.

Vielleicht könnten wir auch damit experimentieren, dem Augenblick zu vertrauen, zu akzeptieren, was auch immer wir in *diesem* Augenblick fühlen oder denken oder sehen. Wenn wir hier einen Platz finden und uns voll und ganz dem Jetzt hinzugeben vermögen, werden wir vielleicht feststellen, daß ebendieser Augenblick es wert ist, daß wir ihm Vertrauen schenken. Durch solche Experimente kann, wenn wir sie immer wieder ausführen, das Gefühl entstehen, daß sich irgendwo tief in unserem Inneren ein durch und durch gesunder und vertrauenswürdiger Kern befindet und daß unsere Intuitionen, jene tiefen Resonanzen der Gegebenheit des gegenwärtigen Augenblicks, es wert sind, daß wir ihnen Vertrauen schenken.

Darum sei stark, und begib dich in deinen eigenen
Körper;
dort haben deine Füße einen sicheren Platz.
Denke sorgfältig darüber nach!
Geh nicht einfach irgendwo anders hin!
Kabir sagt: Laß alle Gedanken über imaginäre Dinge
los,
und stehe fest in dem, was du bist.

Kabir

Großzügigkeit

Großzügigkeit ist ebenfalls eine Eigenschaft, die wie Geduld, Loslassen, Nicht-Urteilen und Vertrauen der Achtsamkeitspraxis eine solide Grundlage gibt. Die Entwicklung von Großzügigkeit ist ein Mittel, um zu tiefer Selbstbeobachtung und Selbsterforschung zu gelangen, und eine gute Übung im Geben. Beginnen Sie damit zunächst bei sich selbst, beispielsweise indem Sie sich selbst akzeptieren oder indem Sie sich jeden Tag eine gewisse Zeit zugestehen, in der Sie keinerlei Ziel verfolgen. Üben Sie es, sich dessen wert zu fühlen, diese Geschenke ohne jede Verpflichtung anzunehmen – sie einfach von sich selbst und vom Universum zu empfangen.

Versuchen Sie, zu einem Kern in Ihrem Inneren in Kontakt zu treten, der in jeder Hinsicht unermeßlich reich ist. Lassen Sie die Energie dieses Kerns ausstrahlen, durch Ihren gesamten Körper und über diesen hinaus. Experimentieren Sie damit, diese Energie abzugeben – zunächst nur ein wenig –, sie zu sich selbst und zu anderen hinzulenken, ohne dabei an Ihren persönlichen Vorteil zu denken oder eine Gegenleistung zu erwarten. Geben Sie mehr, als Sie geben zu können glauben, im Vertrauen darauf, daß Sie reicher sind, als Sie zu sein glauben. Feiern Sie diesen Reichtum. Geben Sie, als wären Sie unermeßlich reich. Dies wird «königliches Geben» genannt.

Ich spreche hier nicht nur über Geld und materiellen Besitz – obwohl es unserem Wachstum sehr förderlich und äußerst hilfreich sein kann, materiellen Überfluß mit anderen Menschen zu teilen. Vielmehr geht es darum, daß Sie üben, aus der Fülle Ihres Seins zu geben, den besten Teil Ihrer selbst – Enthusiasmus, Vitalität, Inspiration, Vertrauen, Offenheit und vor allem Präsenz. Teilen Sie all dies mit sich selbst, mit Ihrer Familie, mit der Welt.

Übung: Achten Sie auf Ihren Widerstand gegen den Impuls zu geben, auf die Sorgen um die Zukunft, auf das Gefühl, daß Sie vielleicht zuviel geben könnten, auf den Gedanken, daß Ihr Geben nicht in gebührender Weise gewürdigt werden könnte, daß die Anstrengung Sie erschöpfen könnte, daß Sie selbst nichts davon haben oder daß Sie selbst nicht genug besitzen. Bedenken Sie, daß möglicherweise nichts von alldem wahr ist, sondern daß all dies lediglich Formen von Trägheit, Einengung und Selbstschutz sind. Diese Gedanken und Gefühle sind die rauhen Kanten der Eigenliebe, die sich an der Welt reiben, uns und anderen häufig Schmerzen bereiten und ein Gefühl der Distanz, der Isolation und der Abwertung erzeugen. Geben schleift solche rauhen Kanten ab und hilft uns, unserem inneren Reichtum gegenüber achtsamer zu werden. Indem wir die Achtsamkeit der Großzügigkeit üben, indem wir geben und indem wir die Auswirkungen auf uns selbst und andere beobachten, transformieren wir uns, wir reinigen uns und entdecken, daß unser Sein wesentlich mehr umfaßt, als wir bisher angenommen hatten.

Vielleicht werden Sie protestieren und einwenden, Sie hätten nicht genug Energie oder Enthusiasmus, um auch nur irgend etwas wegzugeben. Vielleicht werden Sie sagen, daß Sie sich ohnehin als Opfer der Umstände oder erschöpft fühlen. Vielleicht haben Sie auch das

Gefühl, ohnehin ständig nichts anderes zu tun, als zu geben, zu geben und noch einmal zu geben, und daß andere dies schon als Selbstverständlichkeit ansehen und Ihre Freigebigkeit nicht gebührend würdigen oder nicht einmal bemerken oder daß Sie das Geben nur dazu benutzen, um sich vor Schmerz und Angst zu verstekken – daß Sie dadurch andere dazu bringen, sich Ihnen verpflichtet und von Ihnen abhängig zu fühlen. Solche komplizierten Muster und Beziehungen bedürfen in jedem Fall aufmerksamer Betrachtung und Untersuchung. Unachtsam zu geben ist weder gesund noch wirklich großzügig. Es ist wichtig, daß Sie sich beim Geben über Ihre Motive im klaren sind und auch darüber, ob bestimmte Arten zu geben vielleicht kein Ausdruck von Großzügigkeit, sondern von Angst und Mangel an Selbstvertrauen sind.

Wenn Sie sich bemühen, auf achtsame Weise Großzügigkeit zu entwickeln, brauchen Sie gar nicht alles zu verschenken – Sie brauchen nicht einmal etwas zu verschenken. Großzügigkeit besteht vor allem aus einem inneren Geben; sie ist ein Gefühlszustand, eine Bereitschaft, das eigene Sein mit der Welt zu teilen. Wichtig ist, daß Sie Ihren Instinkten vertrauen und ihnen gerecht werden, jedoch gleichzeitig bereit sind, gewisse Risiken einzugehen. Vielleicht müssen sie weniger geben, oder Sie müssen Ihrer Intuition hinsichtlich Ausnutzung oder unzuträglichen Motiven oder Impulsen vertrauen. Vielleicht müssen Sie geben, jedoch auf eine andere Weise oder anderen Menschen. Vielleicht müssen Sie eine Zeitlang sich selbst erst einmal etwas geben. Versuchen Sie anschließend, anderen ein ganz klein wenig mehr zu geben, als Sie zu können glauben. Achten Sie dabei darauf, ob Gedanken in Ihnen auftauchen, die beinhalten, daß Sie irgend etwas zurückbekommen wollen, und lassen Sie diese Gedanken dann los.

Geben Sie von sich aus. Warten Sie nicht darauf, daß irgend jemand Sie um etwas bittet. Beobachten Sie, was geschieht, wenn Sie geben – besonders in Ihnen selbst. Vielleicht gewinnen Sie mehr Klarheit über sich selbst und über Ihre Beziehungen. Vielleicht registrieren Sie einen Zuwachs an Energie statt einer Verringerung. Vielleicht stellen Sie fest, daß Ihre Ressourcen wie von Zauberhand aufgefüllt werden, statt sich zu erschöpfen. Das ist die Macht achtsamer, selbstloser Großzügigkeit. Auf der tiefsten Ebene existiert kein Gebender, keine Gabe und kein Empfänger – nur das Universum, das sich ständig neu ordnet.

Schwäche zu zeigen erfordert Stärke

Wenn Sie ein willensstarker und in vielen Bereichen kompetenter Mensch sind, erwecken Sie möglicherweise häufig den Eindruck, nie von Gefühlen der Unzulänglichkeit, der Unsicherheit oder des Verletztseins geplagt zu werden. Dies kann eine große Distanz zu anderen Menschen schaffen und letztlich sehr schmerzhaft für Sie selbst und für andere sein. Es kann passieren, daß Sie hinter dem betörenden Schutzschild jenes äußeren Eindrucks – der Aura der Vollkommenheit – den Kontakt zu Ihren eigenen Gefühlen verlieren. In diese Isolation geraten häufig Väter in Kleinfamilien und Menschen, die Machtpositionen innehaben.

Wenn Sie glauben, daß Sie durch Meditation stärker werden, so kann dadurch ein ähnliches Dilemma entstehen. Es kann sein, daß Sie anfangen, an die Rolle des überlegenen, unverwundbaren, «richtig» Meditierenden zu glauben und diese zu spielen – die Rolle eines Menschen, der alles unter Kontrolle hat und dem es möglich ist, sich mit allem auseinanderzusetzen, ohne sich in reaktiven Gefühlen zu verfangen. Wenn Sie diesem Irrtum verfallen, hemmen Sie trotz aller Intelligenz Ihre eigene Entwicklung, ohne es selbst zu merken. Wir alle haben ein Gefühlsleben; sich vor ihm abzuschirmen ist ein gefährliches Unternehmen.

Wenn Sie also bemerken sollten, daß Sie von sich selbst ein Bild der Unbesiegbarkeit oder der Stärke oder des besonderen Wissens oder der Weisheit aufgrund Ihrer Meditationserfahrungen aufbauen – weil Sie vielleicht den Eindruck gewonnen haben, daß Sie mit Ihrer Übung weitergekommen sind –, so empfehle ich Ihnen, sich zu fragen, ob Sie möglicherweise vor Ihrer Verletzlichkeit, vor Kummer oder vor irgendwelchen Ängsten davonlaufen. Denn wenn Sie wirklich stark sind, haben Sie es nicht nötig, dies vor sich selbst oder anderen gegenüber besonders hervorzuheben. Sinnvoller ist es, die Aufmerksamkeit auf die Bereiche zu richten, die anzuschauen Sie sich am meisten fürchten. Tun Sie dies, indem Sie es sich zugestehen, zu fühlen oder gar zu weinen, nicht über alles und jedes eine Meinung haben zu müssen, nicht unverletzlich oder hart anderen gegenüber erscheinen zu müssen, sondern mit Ihren Gefühlen in Kontakt zu sein und auf angemessene Weise offen mit ihnen umzugehen. Was wie Schwäche wirkt, darin liegt in Wahrheit Stärke. Und was wie Stärke wirkt, ist oft Schwäche, ein Versuch, Angst zu überdecken. Es ist eine Vorspiegelung oder eine Fassade, so überzeugend sie auch auf andere oder sogar auf Sie selbst wirken mag.

Übung: Beobachten Sie, wie Sie Hindernissen mit Härte begegnen. Versuchen Sie, weich zu sein, wenn Ihr Impuls ist, hart zu sein, großzügig zu sein, wenn Ihr Impuls ist, zurückhaltend zu sein, offen zu sein, wenn Ihr Impuls ist, sich emotional zu verschließen. Wenn Sie bekümmert oder traurig sind, dann versuchen Sie, diese Gefühle zuzulassen. Erlauben Sie sich zu fühlen, was auch immer Sie fühlen. Achten Sie darauf, ob Sie dem Weinen oder dem Gefühl der Verletztheit irgendwelche Etiketten aufdrücken. Vermeiden Sie es, Gefühle zu etikettieren, und versuchen Sie statt dessen, das Gewahrsein von Augenblick zu Augenblick zu entwickeln, auf den Wellen des «Auf» und «Ab», des «Gut» und «Schlecht», des «Schwach» und «Stark» zu reiten, bis Sie erkennen, daß alle diese Kategorien Ihr Erleben nicht auf umfassende Weise zu beschreiben vermögen. Bleiben Sie beim Erleben selbst. Vertrauen Sie Ihrer tiefsten Stärke überhaupt: präsent zu sein, wach zu sein.

Absichtsvolle Einfachheit

Oft verspüre ich in mir den Impuls, noch irgend etwas in einen Augenblick hineinzupressen. Nur noch diesen Telefonanruf, nur noch einmal kurz hier anhalten auf meinem Weg nach dort...

Ich habe gelernt, diesen Impuls zu erkennen und ihm

zu mißtrauen. Ich bemühe mich, nein zu ihm zu sagen. Er heftet beim Frühstück meine Augen an die Cornflakes-Packung und läßt mich zum hundertsten Mal die Nährstoffliste des Packungsinhalts oder das erstaunliche Gratisangebot der Herstellerfirma lesen. Diesem Impuls ist es völlig gleich, wovon er sich nährt, solange er nur irgendwelche Nahrung bekommt. Noch attraktiver ist für ihn die Zeitung oder irgendein Versandhauskatalog oder was auch immer sonst gerade in der Nähe herumliegt. Er ist begierig darauf, Zeit auszufüllen; er konspiriert mit meinem Geist in dem Bemühen, mich in einem möglichst unbewußten Zustand zu halten, in einem Zustand der Benommenheit, einem Nebel, der gerade so dicht ist, daß ich meinen Bauch fülle oder überfülle, ohne mit meinem Bewußtsein beim Frühstück zu sein. Wegen dieses Nebels bin ich für andere nicht erreichbar, mir entgeht das Spiel des Lichts auf dem Frühstückstisch, ebenso die Gerüche im Raum, die Energien des Augenblicks einschließlich der Diskussionen und Streitigkeiten, die wir bei unserer morgendlichen Zusammenkunft am Frühstückstisch haben, bevor wir tagsüber alle unserer eigenen Wege gehen.

Ich praktiziere gern absichtsvolle Einfachheit, um derartigen Impulsen entgegenzuwirken. Dazu gehört, daß ich mich dafür entscheide, immer nur eine Sache zu einer bestimmten Zeit zu tun und dafür zu sorgen, daß ich für diese eine Sache voll und ganz da bin. Absichtsvolle Einfachheit bedeutet, an einem Tag eher weniger Orte aufzusuchen als mehr, weniger anzuschauen, um mehr sehen zu können, weniger zu tun, um mehr tun zu können, weniger zu erwerben, um mehr zu haben. Ich habe als Vater kleiner Kinder, als Ernährer meiner Familie, als Ehemann, als ältester Sohn meiner Eltern, dem sein Beruf zudem sehr am Herzen liegt, gar nicht die Möglichkeit, mich an irgendeinen Waldenteich zu begeben, mich dort ein paar Jahre unter einen Baum zu setzen, dem Gras beim Wachsen zuzuhören und dem Wechsel der Jahreszeiten zu folgen, auch wenn mich der Wunsch, genau dies zu tun, von Zeit zu Zeit überkommt. Doch innerhalb des organisierten Chaos und der Komplexität des Familienlebens und meiner Arbeit mit allen damit verbundenen Anforderungen und Verantwortlichkeiten, Frustrationen und Geschenken gibt es Gelegenheiten in Hülle und Fülle, sich im Kleinen für die Einfachheit zu entscheiden.

Wesentlich dabei ist, ein langsameres Tempo anzuschlagen: daß ich meinem Geist und Körper befehle, bei meiner Tochter zu bleiben, statt zum klingelnden Telefon zu stürzen; daß ich nicht auf den inneren Impuls reagiere, jemanden anzurufen, der genau in diesem Augenblick «angerufen werden muß»; daß ich mich dafür entscheide, Dinge nicht aufgrund eines Impulses zu kaufen oder gar automatisch auf den Sirenengesang von Zeitungen, Fernsehsendungen oder Werbefilmen zu reagieren. Dies alles sind Möglichkeiten, das eigene Leben ein wenig zu vereinfachen. Weitere Möglichkeiten sind, einen Abend lang nur dazusitzen und nichts zu tun, ein Buch zu lesen, allein, mit einem Kind oder mit meiner Frau spazierenzugehen, den Mond zu betrachten, die Luft auf meinem Gesicht unter den Bäumen zu spüren oder früh schlafen zu gehen.

Ich übe, nein zu sagen, um mein Leben möglichst einfach zu halten, und ich habe das Gefühl, daß ich dies nie in ausreichendem Maße tue. Neinsagen ist eine äußerst anstrengende Disziplin, und es ist der Mühe wert, sie zu praktizieren. Doch das ist gar nicht so einfach. Schließlich gibt es Sachzwänge und «einmalige Chancen», auf die wir reagieren müssen. Sich der Einfachheit zu verpflichten erfordert einen schwierigen Balanceakt, bei dem man sich immer wieder vor die Notwendigkeit gestellt sieht, Dinge und Situationen neu einzuschätzen, sie näher zu untersuchen und unentwegt auf dem laufenden zu sein. Doch ich habe das Gefühl, daß die Idee der absichtsvollen Einfachheit mich achtsam dem gegenüber hält, was wesentlich ist, achtsam gegenüber einer Ökologie des Geistes, des Körpers und der Welt, die beinhaltet, daß alles miteinander verbunden ist und jede Entscheidung weitreichende Konsequenzen hat. Sie brauchen nicht in der Lage zu sein, alles unter Kontrolle zu halten. Wenn Sie sich wann immer möglich für die Einfachheit entscheiden, wird Ihr Leben um jene Freiheit bereichert, die uns so leicht entgleitet, und es werden sich Ihnen viele Gelegenheiten erschließen zu entdecken, daß weniger mehr sein kann.

> Einfachheit, Einfachheit, Einfachheit! Laß deine Geschäfte zwei oder drei sein, sage ich dir, und nicht hundert oder tausend; statt eine Million zu zählen, zähle ein halbes Dutzend und führe Buch auf deinem Daumennagel! Über dieser brandenden See des zivilisierten Lebens gibt es so viele Wolken und Stürme, hier drohen so viele Klippen und tausend andere Dinge, denen Rechnung getragen werden muß, daß der Mensch, wenn er nicht Schiffbruch leiden, versinken und nie den Hafen erreichen will, schnell seinen Überschlag zu machen imstande sein muß. Und der, dem es gelingt, muß wirklich ein großer Rechenmeister sein. Vereinfache, vereinfache!
>
> Henry D. Thoreau, *Walden*

Konzentration

Konzentration ist einer der Grundpfeiler der Achtsamkeitspraxis. Ihre Achtsamkeit wird immer nur so stark sein wie die Fähigkeit Ihres Geistes, ruhig und gesammelt zu sein. Ohne Ruhe und Gelassenheit hat der Spiegel der Achtsamkeit eine aufgewühlte Oberfläche und ist nicht in der Lage, Dinge mit auch nur annähernder Genauigkeit zu reflektieren.

Konzentration kann man entweder gleichzeitig mit der Achtsamkeit oder separat üben. Man könnte Konzentration als die Fähigkeit des Geistes bezeichnen, eine stetige Aufmerksamkeit auf ein Objekt der Beobachtung zu richten. Konzentration läßt sich entwickeln, indem man ein bestimmtes Objekt in den Brennpunkt rückt, beispielsweise den Atem. Im Sanskrit wird Konzentration *samadhi* – «Einspitzigkeit» – genannt. Samadhi wird entwickelt und vertieft, indem man die Aufmerksamkeit immer wieder auf den Atem zurücklenkt, sobald sie abschweift. Wenn wir konzentrative Formen der Meditation praktizieren, verwenden wir absichtlich keinerlei Mühe darauf, uns mit Fragen zu beschäftigen wie beispielsweise, wo der Geist hingeht, wenn er abschweift, oder warum die Qualität des Atems sich ständig verändert. Unsere Energie ist ausschließlich darauf gerichtet zu erleben, wie *dieser* Atemzug in die Lunge einströmt und wie *dieser* Atemzug aus der Lunge ausströmt oder auf ein anderes einzelnes Objekt. Wenn wir diese Art der Übung eine Zeitlang fortsetzen, verbessert sich die Fähigkeit unseres Geistes, bei einem einzigen Atemzug zu bleiben, allmählich. Er vermag schließlich schon den ersten Impuls der Ablenkung zu erkennen und ihm entweder von Anfang an zu widerstehen und sich weiterhin auf den Atem zu konzentrieren oder zumindest bald wieder dazu zurückzukehren.

Durch intensive Konzentrationsübung entsteht eine stabile innere Ruhe. Sie ist unerschütterlich, tief und nur schwer zu stören, ganz gleich, was geschieht. Man macht sich selbst ein großes Geschenk damit, hin und wieder über eine längere Zeit Samadhi zu kultivieren. Dazu eignet sich eine lange Meditations-Einkehr besonders gut, eine Zeit, in der man sich wie Thoreau speziell zu diesem Zweck aus der Welt zurückzieht.

Die Stabilität und Ruhe, die durch einspitzige Konzentration entstehen, bilden die Grundlage für die Entwicklung der Achtsamkeit. Ohne ein gewisses Maß an Samadhi kann Achtsamkeit nie besonders stark werden. Sie können nur dann tief in etwas hineinschauen, wenn es Ihnen gelingt zu schauen, ohne sich ständig durch Äußerlichkeiten oder durch die Erregung Ihres eigenen Geistes ablenken zu lassen. Je tiefer die Konzentration ist, um so tiefer wird auch das Potential an Achtsamkeit.

Die Erfahrung eines tiefen Samadhi ist sehr angenehm. Wenn wir mit einspitziger Konzentration dem Atem folgen, fällt alles andere von uns ab – einschließlich Gedanken, Gefühlen und der äußeren Welt. Charakteristisch für Samadhi ist das Aufgehen in einem ungestörten Zustand der Stille und des Friedens. Einmal von diesem Zustand der Ruhe gekostet zu haben kann eine äußerst anziehende und sogar berauschende Wirkung haben. Man fühlt sich dann immer wieder zu diesem Zustand inneren Friedens hingezogen, für den Versunkensein und ein Gefühl der Glückseligkeit charakteristisch sind.

Doch so intensiv und befriedigend es auch sein mag, sich in der Konzentration zu üben, bleibt das Ergebnis doch unvollständig, wenn sie nicht durch die Übung der Achtsamkeit ergänzt und vertieft wird. Für sich allein ähnelt sie einem Sich-Zurückziehen aus der Welt. Ihre charakteristische Energie ist eher verschlossen als offen, eher versunken als zugänglich, eher tranceartig als hellwach. Was diesem Zustand fehlt, ist die Energie der Neugier, des Wissensdrangs, der Offenheit, der Aufgeschlossenheit, des Engagements für das gesamte Spektrum menschlicher Erfahrung. Dies ist die Domäne der Achtsamkeitspraxis, in welcher die Einspitzigkeit und die Fähigkeit, Ruhe und Stabilität in den Augenblick hineinzubringen, genutzt werden, um tief in die Vernetztheit einer Vielzahl von Lebenserfahrungen hineinzublicken und sie zu verstehen.

Konzentration kann von großem Wert sein, doch sie kann auch äußerst einschränkend wirken, wenn man sich von den angenehmen Gefühlen betören läßt, die durch diesen inneren Zustand hervorgerufen werden, und wenn man sie als Zuflucht vor dem oft chaotischen und frustrierenden Alltagsleben benutzt. Natürlich wäre das ein Anhaften an der Stille, das wie jede starke Anhaftung in eine Sackgasse führt. Es behindert die Weiterentwicklung und verhindert die Entwicklung von Weisheit.

Vision

Es ist praktisch unmöglich und außerdem sinnlos, sich täglich der Meditation zu widmen, ohne sich klarzumachen, warum man meditiert, welchen Wert dies im Leben haben könnte, ohne eine Vorstellung davon, warum Meditation *Ihr* Weg sein könnte und nicht nur ein Kampf mit imaginären Windmühlen. In traditionellen Gesellschaften wurde diese Vision von der lokalen kulturellen Tradition geliefert und ständig bekräftigt. Als Buddhist widmet man sich der Meditationsübung, weil Meditation in der östlichen Kultur als *der* Pfad zu Klarheit, Mitgefühl und Buddhaschaft gilt, als Pfad der Weisheit, der zur Überwindung des Leidens führt. In der westlichen Massengesellschaft hingegen findet man keine auch nur annähernd ähnliche Unterstützung, wenn man sich solch einem persönlichen Pfad widmet, der Disziplin und Ausdauer verlangt, insbesondere, wenn es sich um einen so ungewöhnlichen Pfad handelt, der zwar Anstrengung erfordert, jedoch Anstrengung im Nicht-Tun, also Energie, die kein greifbares «Produkt» erzeugt.

Wenn Sie vorhaben, Meditation langfristig und verbindlich in Ihr Leben zu integrieren, benötigen Sie eine Vision, die Ihre ureigene ist – eine Vision, die tief und beharrlich ist und die nahe am Kern dessen liegt, was Sie zu sein glauben, was Sie in Ihrem Leben für wichtig und wertvoll halten und was Sie als Ihren Weg ansehen. Nur die Stärke einer solchen dynamischen Vision und die Motivation, aus der diese entspringt, vermögen Sie jahrein, jahraus auf diesem Pfad zu halten, mit der

Bereitschaft, sich jeden Tag der Übung zu widmen und an alles, was geschieht, mit Achtsamkeit heranzugehen, sich allem zu öffnen, was Sie wahrnehmen, und Hinweise darauf, wo Sie festhalten und wo Sie loslassen und Wachstum ermöglichen müssen, mit Offenheit aufzunehmen.

Meditation hat nichts Romantisches. Die Bereiche, in denen wir noch wachsen müssen, sind gewöhnlich diejenigen, in denen unsere Abwehr am stärksten ist und bei denen wir am wenigsten bereit sind, auch nur zuzugeben, daß sie existieren. Es reicht nicht aus, wenn Sie sich auf schwärmerische Weise als großen Meditierenden sehen oder wenn Sie der Meinung sind, Meditation sei gut für Sie, weil Sie gut für andere gewesen sei oder weil östliche Weisheit Ihnen als besonders tiefgründig erscheint. Die Vision, von der wir hier sprechen, muß Tag für Tag erneuert werden; sie muß immer ganz und gar ehrlich sein, weil die Achtsamkeit selbst Gewahrsein der eigenen Motivation, der eigenen Absicht erfordert.

Die Übung muß zur täglichen Verkörperung Ihrer Vision werden und das enthalten, was Ihnen am wertvollsten ist. Das bedeutet nicht, daß Sie versuchen, sich zu verändern oder anders zu sein, als Sie sind, daß Sie ruhig sein sollten, wenn Sie sich nicht ruhig fühlen, oder daß sie freundlich sein sollten, wenn Sie in Wahrheit wütend sind. Vielmehr bedeutet es, ständig in Erinnerung zu behalten, was Ihnen am wichtigsten ist, so daß Sie es in der Hitze und im Tumult eines bestimmten Augenblicks nicht vergessen oder mißachten.

Nehmen wir beispielsweise an, daß irgendwann im Laufe des Tages Wutgefühle in Ihnen aufkommen. Wenn Sie diese Wut zum Ausdruck bringen, werden Sie feststellen, daß Sie den Ausdruck der Wut und seine Auswirkungen Augenblick für Augenblick registrieren. Möglicherweise sind Sie sich der Authentizität dieses Gefühlszustandes bewußt, der Ursachen, die das starke Gefühl in Ihnen ausgelöst haben, und der Art, wie es in Ihren Gesten und in Ihrer Körperhaltung zum Ausdruck kommt, im Klang Ihrer Stimme, in Ihrer Wahl von Worten und Argumenten sowie in dem Eindruck, den Sie bei anderen erwecken. Es spricht vieles dafür, Wutgefühlen bewußt Ausdruck zu geben, und im medizinischen und psychologischen Bereich ist wohlbekannt, daß es ungesund ist, Wut zu unterdrücken, indem man sie verinnerlicht. Doch ebenso ungesund ist es, Wut gewohnheitsmäßig und automatisch auszuagieren, ganz gleich, wie «berechtigt» sie sein mag. Sie können spüren, wie sie den Geist umwölkt. Sie erzeugt Gefühle der Aggression und eine Tendenz zur Gewalttätigkeit – selbst wenn die Wut zum Ziel hat, etwas richtigzustellen oder etwas Wichtiges zu ermöglichen – und entstellt gerade dadurch das, was ist.

Achtsamkeit macht Sie auf die vergiftende Wirkung der Wut auf Sie selbst und auf andere aufmerksam. Ich habe nach Wutausbrüchen immer das Gefühl, daß irgend etwas an der Wut unangemessen ist, selbst wenn ich mich objektiv im Recht befinde. Ihr Gift verdirbt alles, womit sie in Berührung kommt. Wenn es uns gelingt, die Energie der Wut in Stärke und Weisheit umzuwandeln, vervielfacht sich ihre Kraft ebenso wie ihre Fähigkeit, sowohl ihr Ziel als auch ihren Ursprung zu transformieren.

Wenn Sie also entschlossen üben, den Kontext der Wut zu erweitern (Ihrer eigenen oder derjenigen eines anderen Menschen), und zwar genau in den Augenblikken, in denen sie auftritt und ihren Gipfelpunkt erreicht, wissend, daß da etwas Größeres und Grundlegenderes sein muß, etwas, das Sie angesichts der Hitze Ihres Gefühls gewöhnlich vergessen – dann treten Sie in Kontakt mit einem Gewahrsein in Ihrem Inneren, das nicht am Feuer der Wut haftet. Gewahrsein sieht die Wut, es kennt die Tiefe der Wut, aber es ist größer als die Wut. Deshalb kann es die Wut in sich aufnehmen, so wie ein Topf Essen aufnimmt. Der Topf des Gewahrseins hilft uns, die Wut aufzufangen und zu erkennen, daß sie möglicherweise mehr Schaden anrichtet, als sie nützt, selbst wenn wir nicht die Absicht haben, Schaden anzurichten. Auf diese Weise hilft Gewahrsein uns, die Wut zu kochen und zu verdauen, so daß wir sie auf sinnvolle Weise *nutzen* können. Indem wir von einer automatischen Reaktionsweise zu einem bewußten Antworten übergehen, gelingt es uns vielleicht, die Wut völlig zu überwinden. Diese und andere Möglichkeiten entstehen, wenn wir sorgsam auf die Erfordernisse der *gesamten* Situation eingehen.

Unsere Vision hat mit unseren Werten zu tun und mit unseren persönlichen Vorstellungen darüber, was uns in unserem Leben am wichtigsten ist. Sie hat etwas mit unseren Grundprinzipien zu tun. Wenn Sie an die Liebe glauben, kommt dies dann in Ihrem Handeln zum Ausdruck, oder reden Sie nur davon? Wenn Sie an Mitgefühl glauben, daran, niemandem Schaden zuzufügen, an Güte, an Weisheit, an Großzügigkeit, an innere Ruhe, an Abgeschiedenheit, an Nicht-Tun, Unvoreingenommenheit und Klarheit, verleihen Sie diesen Qualitäten dann in Ihrem alltäglichen Leben Ausdruck? Dies ist die Ebene der Intentionalität, die erforderlich ist, um Ihre Meditationspraxis lebendig zu erhalten, so daß sie nicht zu einer rein mechanischen Übung wird, die allein durch die Kraft der Gewohnheit oder des blinden Glaubens aufrechterhalten wird.

> Erneuere dich selbst jeden Tag;
> tue es wieder und wieder
> und in Ewigkeit wieder.
>
> (Chinesische Inschrift,
> die Thoreau in *Walden* zitiert)

Übung: Fragen Sie sich, warum Sie meditieren oder warum Sie meditieren wollen. Glauben Sie nicht den ersten Antworten, die Ihnen auf diese Frage einfallen. Schreiben Sie alles, was Ihnen dazu durch den Kopf geht, auf. Fahren Sie fort, sich zu fragen. Ergründen Sie auch, welche Werte Ihnen in Ihrem Leben am wichtigsten sind. Erstellen Sie eine Liste von allem, was Ihnen wirklich wichtig ist. Fragen Sie sich: Was ist meine Vision, meine Landkarte dafür, wo ich bin und wohin ich gehen will? Enthält diese Vision wirklich die Werte und Ziele, die mir wichtig sind? Denke ich kontinuierlich daran, diese Werte in die Tat umzusetzen? Setze ich meine Ziele in die Tat um? Wie bin ich *jetzt* bei meiner Arbeit, in meiner Familie, in meinen Beziehungen, im Verhältnis zu mir selbst? Wie möchte ich sein? Wie könnte ich entsprechend meiner Vision, meinen Werten leben? Wie steht es mit meinem Verhältnis zum Leiden, sowohl zu meinem eigenen Leiden als auch zum Leiden anderer?

Durch Meditation zum vollen Menschsein

In Pali, der Sprache, in welcher der Buddha gelehrt hat, gibt es offenbar kein Wort, das unserem Begriff «Meditation» entspricht, obgleich die Meditation in der altindischen Kultur zweifellos von zentraler Bedeutung ist. Ein Wort, das für diese geistige Praxis benutzt wird, ist *bhavana*. Es heißt soviel wie «Entwicklung durch geistiges Training». Das trifft meiner Meinung nach ins Schwarze. Bei der Meditation geht es im Grunde um menschliche Entwicklung. Sie ist eine natürliche Fortsetzung von Vorgängen wie jenen des Durchbrechens der ersten Zähne, des Heranwachsens des Kindes zum Erwachsenen, des Arbeitens, Schaffens und Bewirkens von Dingen in der Welt, des Gründens einer Familie, des Schuldenmachens der einen oder anderen Art (sich selbst gegenüber beispielsweise, indem Sie durch die Art des Umgangs mit sich selbst Ihre Seele einsperren) und der Erkenntnis, daß auch Sie altern und sterben werden. Früher oder später werden Sie gezwungen sein, sich hinzusetzen, über Ihr Leben nachzudenken und sich zu fragen, wer Sie sind und wo auf der Lebensreise – *Ihrer* Lebensreise – der Sinn liegt.

Die alten Märchen, so sagen uns deren moderne Interpreten wie Bruno Bettelheim, Robert Bly, Joseph Campbell und Clarissa Pinkola Estes, sind alte Landkarten, die uns auf ihre Weise helfen, unsere menschliche Entwicklung voranzubringen. Die Weisheit dieser Märchen, die aus einer Zeit stammen, in der noch nichts aufgeschrieben wurde, ist uns bis heute erhalten geblieben. Sie sind seit Tausenden von Jahren im Dämmerlicht und in der Dunkelheit an Feuern weitererzählt worden. Es handelt sich dabei nicht nur um unterhaltsame und schöne Geschichten, sie sind auch von einer erstaunlichen Aktualität, die vor allem darauf beruht, daß sie Sinnbilder sind für jene Dramen, die wir im Laufe unserer Suche nach Ganzheit, Glück und Frieden erleben. Die Könige und Königinnen, Prinzen und Prinzessinnen, Zwerge und Hexen sind nicht nur Persönlichkeiten «da draußen». Wir erkennen Sie intuitiv als Aspekte unserer eigenen Psyche wieder, als Bestandteile unseres eigenen Seins, die sich auf dem Weg zur Erfüllung vorwärtstasten. Wir beherbergen den Menschenfresser ebenso wie die Hexe, und wir müssen beiden entgegentreten und sie anerkennen, damit sie uns nicht auffressen. Märchen sind uralte Quellen der Lebensweisheit, die sich durch jahrtausendelanges Weitererzählen verdichtet hat und die uns helfen kann, unser Überleben, unser Wachstum und unsere Ganzheit angesichts innerer und äußerer Dämonen und Drachen, dunkler Wälder und öder Wüsten zu sichern. Diese Geschichten erinnern uns daran, daß es der Mühe wert ist, jenen Altar zu suchen, vor dem unsere eigenen fragmentierten und isolierten Seinsbestandteile einander finden und sich miteinander verbinden können; dadurch wird unser Leben um neue Dimensionen der Harmonie und des Verständnisses bereichert, bis wir vielleicht irgendwann wirklich einmal in der Lage sein werden, «fortan und für alle Zeiten glücklich zu leben» – was bedeutet, im zeitlosen Hier und Jetzt zu leben.

Ein in Märchen häufig wiederkehrendes Thema ist das des kleinen Kindes, gewöhnlich eines Prinzen oder einer Prinzessin, das seinen goldenen Ball verliert. Ganz gleich, ob wir männlichen oder weiblichen Geschlechts sind, ob wir alt oder jung sind, wir alle beherbergen (neben zahllosen anderen Gestalten) sowohl einen Prinzen als auch eine Prinzessin in unserem Inneren, und es gab einmal eine Zeit, in der wir alle in der goldenen Unschuld und dem unendlichen Versprechen der Jugend strahlten. Wir tragen jenes goldene Strahlen immer noch in uns, oder wir können es wiederherstellen, sofern wir dafür sorgen, daß unsere Entwicklung nicht zum Stillstand kommt.

Robert Bly weist darauf hin, daß zwischen dem Verlieren des goldenen Balls – ein Ereignis, das etwa im Alter von acht Jahren stattzufinden scheint – und dem ersten Versuch, ihn wiederzufinden oder auch nur zu erkennen, daß er uns abhanden gekommen ist, dreißig bis vierzig Jahre liegen können; dagegen dauert dies in Märchen, die in der «Es war einmal»-Zeit außerhalb der gewöhnlichen Zeit spielen, nur einen oder zwei Tage. Doch in jedem Fall muß zunächst ein Vertrag geschlossen werden, ein Abkommen mit unseren eigenen unterdrückten Schattenenergien, die durch einen Frosch symbolisiert werden oder durch einen haarigen wilden Mann, der unter dem Teich im Wald lebt, so wie es im *Eisenhans* erzählt wird. Bevor jenes Abkommen geschlossen werden kann, müssen wir anerkennen, daß diese Kreaturen da sind, der Prinz und die Prinzessin, der Frosch, der wilde Mann oder die wilde Frau. Uns mit den Aspekten unserer Psyche zu befassen, von denen wir uns instinktiv abgewandt haben, um sie dem Unbewußten zu überlassen, ist Voraussetzung für jede weitere Entwicklung. Dies kann äußerst beängstigend sein, weil der Gefühlszustand, in den wir dabei gelangen, jenem gleicht, wenn wir uns an dunklen, unbekannten und geheimnisvollen Orten befinden.

Die Form des Buddhismus, die vom achten Jahrhundert unserer Zeitrechnung an bis zum heutigen Tag in Tibet Wurzeln geschlagen hat und erblüht ist, hat wohl die subtilsten künstlerischen Ausdrucksformen jener erschreckenden Aspekte der menschlichen Psyche entwickelt. Viele tibetische Statuen und Gemälde stellen groteske Dämonenwesen dar, allesamt angesehene Mitglieder des Pantheons hochgeehrter Gottheiten. Diese Gottheiten sind keine Götter im bei uns üblichen Sinne. Vielmehr repräsentieren sie unterschiedliche Geisteszustände, die alle mit einer bestimmten göttlichen Energie in Verbindung stehen, mit der wir uns auseinandersetzen, die wir ehren und mit der wir arbeiten müssen, wenn wir unser Potential als Menschen vollständig entwickeln wollen. Diese scheinbar zornvollen Geschöpfe werden keineswegs als schlecht angesehen, obgleich ihre Erscheinung furchterregend und abstoßend ist, so wie sie mit Halsketten aus Schädeln und mit dämonischen Grimassen dargestellt werden. Ihr furchterregendes äußeres Erscheinungsbild ist in Wahrheit eine Verkleidung, die sich Gottheiten zugelegt haben, die Weisheit und Mitgefühl verkörpern, auf daß wir zu einem umfassenderen Verständnis unserer selbst und anderer und zu mehr Güte uns selbst und anderen gegenüber gelangen.

Im Buddhismus ist das Vehikel für diese Arbeit an der inneren Entwicklung die Meditation. Selbst im Märchen muß man, um mit dem wilden Mann unter dem Teich in Kontakt zu treten, zuvor den Teich leeren, was, wie Robert Bly anmerkt, kontinuierliche Arbeit über lange Zeit erfordert. Es ist nichts besonders Heldenhaftes daran, einen Teich mit einem Gefäß auszuschöpfen oder an einer glühenden Esse zu arbeiten oder in glühendheißen Weinbergen, Tag für Tag, Jahr für Jahr. Aber repetitive innere Arbeit dieser Art, das Kennenlernen der Kräfte der eigenen Psyche, ist in sich selbst eine Initiation. Es ist ein Prozeß der Mäßigung, bei dem Hitze oft eine wichtige Rolle spielt. Es erfordert Disziplin, Hitze zu ertragen und durchzuhalten. Doch gelangt man dadurch zur Meisterschaft und überwindet die Naivität, und man erreicht einen Zustand innerer Ordnung, was ohne die Disziplin, die Hitze, den Abstieg in die Dunkelheit und ohne die Angst nicht erreichbar ist. Selbst die inneren Niederlagen, die wir erleiden, helfen uns bei diesem Prozeß des Ausgleichs und der Mäßigung.

Dies ist es, was Jungianer als Seelenarbeit bezeichnen: Charaktertiefe entwickeln, indem wir etwas von den labyrinthischen Tiefen und Weiten unseres eigenen Geistes kennenlernen. Die Hitze mäßigt, indem sie die Atome unseres psychischen Seins sowie unseres Körpers neu organisiert.

Die Schönheit meditativer Arbeit liegt darin, daß wir uns darauf verlassen können, daß die Übung selbst uns durch das Labyrinth geleiten wird. Sie hält uns auf dem Pfad, selbst in den dunkelsten Augenblicken, wenn wir uns mit den erschreckendsten Geisteszuständen und den schlimmsten äußeren Umständen auseinandersetzen müssen. Sie erinnert uns an unsere Möglichkeiten. Sie ist eine Führerin hin zu menschlicher Entwicklung, eine Landkarte zu unserem strahlenden Selbst, nicht zum Gold jener kindlichen Unschuld, die unwiderruflich der Vergangenheit angehört, sondern zum Strahlen eines vollständig entwickelten Erwachsenen. Doch damit die Meditation ihre Aufgabe erfüllen kann, müssen wir bereit sein, unseren Anteil an der Arbeit zu verrichten. Wir müssen bereit sein, uns mit Dunkelheit und Verzweiflung auseinanderzusetzen, und dies so oft, wie es notwendig ist, ohne davonzulaufen oder uns auf eine der vielen Weisen zu betäuben, mit denen wir versuchen, dem Unvermeidlichen aus dem Weg zu gehen.

Übung: Seien Sie offen für den Prinzen und die Prinzessin, für den Riesen und die Hexe, den wilden Mann und die wilde Frau, den Zwerg und das alte Weib, den Heiler und den Gaukler in Ihrem Inneren. Heißen Sie, wenn Sie meditieren, alle diese Gestalten Ihres Inneren willkommen. Versuchen Sie, wie ein König oder wie eine Königin zu sitzen oder wie ein Krieger oder ein Weiser. Lassen Sie sich in Zeiten starker innerer Aufgewühltheit oder Dunkelheit von Ihrem Atem durch das Labyrinth geleiten. Halten Sie die Achtsamkeit auch in den dunkelsten Augenblicken aufrecht, und erinnern Sie sich immer wieder daran, daß das Gewahrsein kein Bestandteil der Dunkelheit oder des Schmerzes ist; es enthält den Schmerz und kennt ihn – was bedeutet, daß es grundlegender und dem näher sein muß, was gesund und stark und golden in Ihrem Inneren ist.

Üben als Pfad

Mittwegs auf unseres Lebens Reise fand
In finstren Waldes Nacht ich mich verschlagen,
Weil mir die Spur vom graden Wege schwand.

Dante, «Die Hölle», *Die göttliche Komödie*

Die Metapher der Reise wird in allen Kulturen benutzt, um das Leben und die Suche nach dem Sinn zu beschreiben. Das chinesische Wort *tao* bedeutet «Weg» oder «Pfad» und wird ebenfalls in diesem Sinne angewendet. Im Buddhismus bezeichnet man die Meditationsübung gewöhnlich als einen Pfad – den Pfad der Achtsamkeit, den Pfad des rechten Verstehens, den Pfad des Rades der Wahrheit *(dharma)*. Tao und Dharma bedeuten auch «wie die Dinge sind» – das Gesetz, das alles Existierende und Nichtexistierende regiert. Alle Ereignisse, gut oder schlecht, befinden sich grundsätzlich im Einklang mit dem Tao. Es ist unsere Aufgabe zu lernen, diese grundlegende Harmonie wahrzunehmen und in Übereinstimmung mit ihr zu leben und Entscheidungen zu treffen. Doch ist häufig nicht klar, was der richtige Weg ist; dies läßt viel Spielraum für den freien Willen und für prinzipientreues Handeln, aber auch für Spannungen und Kontroversen, ganz zu schweigen davon, daß man sich dabei vollkommen verlieren kann.

In der Meditationsübung erkennen wir an, daß wir uns auf der Straße des Lebens befinden. Der Pfad öffnet sich in diesem Augenblick und in jedem Augenblick, in dem wir leben. Es ist sicherlich zutreffender, sich Meditation als einen «Weg» vorzustellen statt als Technik oder Methode. Meditation ist eine Art (engl.: *way*) zu sein, eine Art zu leben, eine Art, durch das Leben zu gehen, im Einklang mit den Dingen, so wie sie sind. Dies bedeutet, daß wir akzeptieren müssen, daß wir manchmal – und oft in sehr wichtigen Augenblicken – keinerlei Vorstellung davon haben, wohin wir gehen, oder gar davon, wo der Pfad liegt. Doch selbst in solchen Augenblicken wissen wir sehr wohl, wo wir uns im Moment befinden, auch wenn dieses Wissen beinhalten mag, daß wir uns in die Irre geleitet, verwirrt, wütend oder hoffnungslos fühlen. Andererseits verfangen wir uns häufig in einem blinden Glauben daran, wir wüßten, wohin wir gehen, insbesondere, wenn uns eigensüchtige Ambitionen treiben und wir ein bestimmtes Ziel um jeden Preis erreichen wollen.

Das Wasser des Lebens ist ein Märchen aus der Sammlung der Gebrüder Grimm, in dem es wie in vielen solcher Geschichten um drei Brüder geht, die alle Prinzen sind. Die beiden älteren Brüder sind habgierig und selbstsüchtig, während der jüngste großherzig und liebevoll ist. Ihr Vater, der König, liegt im Sterben. Ein alter Mann, der auf geheimnisvolle Weise im Garten des Palastes auftaucht, fragt die Söhne, warum sie trauern, und als er den Grund erfährt, sagt er, das Wasser des Lebens könne dem König die Heilung bringen. «Wenn der König davon trinkt, wird er wieder gesund werden, aber es ist sehr schwer, dieses Wasser zu finden.»

Zuerst erhält der älteste der drei Brüder die Erlaubnis, für seinen Vater nach dem Wasser des Lebens zu suchen, wobei er insgeheim die Hoffnung hegt, selbst König zu werden, falls er es finden sollte. Kurz nachdem er sich zu Pferd aufgemacht hat, trifft er am Wegesrand einen Zwerg, der ihn zum Anhalten auffordert und ihn fragt, wohin er so schnell wolle. In seiner Eile behandelt der Prinz den Zwerg verächtlich und herablassend und befiehlt ihm, aus dem Weg zu gehen. Darin spiegelt sich die Annahme des Prinzen, den Weg bereits zu kennen, nur weil er weiß, wonach er Ausschau hält. Das trifft jedoch nicht zu. Der Prinz, in seiner Arroganz und Ignoranz hinsichtlich dessen, auf wie viele verschiedene Arten sich die Dinge im Leben entfalten können, ist nicht in der Lage innezuhalten.

Natürlich ist der Zwerg im Märchen keine reale Person, sondern ein Symbol für die höheren Kräfte der Seele. In unserer Geschichte ist der egoistische Bruder unfähig, sich seiner inneren Macht und seiner Emotionalität mit Güte und Weisheit zu nähern. Um die Arroganz des Prinzen zu strafen, sorgt der Zwerg dafür, daß sein Weg in eine immer enger werdende Schlucht führt, in der er schließlich weder vorwärtskommen noch umkehren kann – mit anderen Worten: Er sitzt fest. Und so bleibt es, während die Geschichte ihren Lauf nimmt.

Da der erste Bruder nicht zurückkehrt, macht sich der zweite auf den Weg, um sein Glück zu versuchen. Auch er trifft auf den Zwerg und behandelt ihn ebenso herablassend wie sein älterer Bruder. Auch er gelangt daraufhin in eine Situation, in der er nicht mehr vor und zurück kann. Da beide Brüder unterschiedliche Teile derselben Person symbolisieren, könnte man sagen: Manche Leute lernen nie etwas dazu.

Nach einiger Zeit macht sich auch der dritte Bruder auf die Suche nach dem Wasser des Lebens. Auch er trifft auf den Zwerg, der ihn fragt, warum er es so eilig habe. Anders als seine beiden Brüder hält er an, steigt vom Pferd und erzählt dem Zwerg, daß sein Vater schwer krank ist und daß er für ihn das Wasser des Lebens sucht, wobei er zugibt, daß er keinerlei Vorstellung davon hat, wo er suchen oder in welche Richtung er reisen soll, um es zu finden. Und der Zwerg entgegnet: «Oh, ich weiß, wo es zu finden ist.» Und dann erzählt er dem Prinzen, wie er zu jenem Ort gelangen kann, was sich allerdings als ziemlich kompliziert herausstellt. Der dritte Bruder hört dem Zwerg sorgfältig zu und merkt sich alles, was dieser sagt.

Worum es in dem Märchen letztlich geht, ist, daß es

manchmal nützlich ist, sich einzugestehen, daß man nicht weiß, wohin der Weg führt, und offen zu sein für Hilfe von unerwarteter Seite. Wir erschließen uns dadurch innere und äußere Energien und gewinnen Verbündete, die aus unserem tiefsten Innern und unserer Selbstlosigkeit erwachsen.

Die Entwicklung der Achtsamkeit fordert von uns, unsere eigene Zwerg-Energie zu ehren und zu achten, statt Hals über Kopf, getrieben von engstirnigen Ambitionen und in Erwartung eines persönlichen Vorteils, vorwärts zu stürzen. Das Märchen sagt uns, daß es uns nur dann gut ergehen wird, wenn wir ein Gewahrsein dessen, wie die Dinge tatsächlich sind, aufrechterhalten, wozu auch die Bereitschaft zählt, zuzugeben, daß wir nicht wissen, wohin wir gehen. Der jüngste Bruder muß in dem Märchen eine lange Reise machen, bevor er völlig versteht, wie die Dinge tatsächlich sind (beispielsweise was seine Brüder betrifft). Ihm werden schmerzhafte Lektionen bezüglich Verrat und Betrug erteilt, und er bezahlt einen hohen Preis für seine Naivität, bevor er in den Besitz des ganzen Spektrums seiner Energie und Weisheit gelangt. Dies wird dadurch symbolisiert, daß er schließlich mitten auf einer vergoldeten Straße reitet, eine Prinzessin heiratet und König wird – ein vollständig entwickelter Mensch, der nicht das Königreich seines Vaters, sondern sein eigenes regiert.

Übung: Versuchen Sie, Ihr eigenes Leben heute als eine Reise und als ein Abenteuer zu sehen. Wohin sind Sie unterwegs? Was suchen Sie? Wo befinden Sie sich in diesem Augenblick? In welchem Stadium der Reise befinden Sie sich? Sind Sie auf irgendeine Weise festgefahren? Können Sie sich vollständig all den Energien öffnen, die Ihnen in diesem Augenblick zur Verfügung stehen? Denken Sie stets daran, daß diese Reise ganz und gar Ihre eigene ist, nicht die irgendeines anderen Menschen. Deshalb muß der Pfad der Ihre sein. Sie können nicht die Reise irgendeines anderen imitieren und gleichzeitig sich selbst treu bleiben. Sind Sie bereit, Ihrer Einzigartigkeit gerecht zu werden? Sind Sie in der Lage, Meditation als einen ureigenen Weg der Achtsamkeit und des Gewahrseins zu begreifen? Sehen Sie, wo und wie Sie auf Ihrem Weg Gefahr laufen steckenzubleiben oder sich in der Vergangenheit festgefahren haben?

Meditation ist nicht zu verwechseln mit positivem Denken

Gewahrsein ist nicht gleichbedeutend mit Denken, sondern geht über das Denken hinaus, obgleich es das Denken nutzt und seinen Wert und seine Macht anerkennt. Gewahrsein gleicht eher einem Gefäß, das unser Denken hält und umfaßt und das uns helfen kann, unsere Gedanken zu sehen und sie als Gedanken zu erkennen, statt sie für die Realität zu halten.

Der denkende Geist ist oft – eigentlich fast immer – sehr zerstreut. Das liegt in der Natur des Denkens. Doch das Gewahrsein, das wir jedem Augenblick mit voller Absicht entlocken, kann uns helfen wahrzunehmen, daß selbst inmitten jener Zerstreuung und Fragmentierung unser Wesen im Grunde vollständig und ganz ist.

Meditation bedeutet nicht, daß Ihr Denken verändert

wird, indem Sie noch ein wenig mehr denken. Vielmehr geht es darum, daß dabei das Denken selbst beobachtet wird. Das Beobachten ist das Im-Gewahrsein-Halten. Indem Sie Ihre Gedanken beobachten, ohne sich in sie zu verstricken, lernen Sie etwas zutiefst Befreiendes über das Denken selbst, Sie lernen, sich nicht mehr in Gedankenmustern zu verfangen, die eng, ungenau, selbstbezogen und erstickend gewohnheitsmäßig oder ganz einfach falsch sind.

Meditation ermöglicht es, den Prozeß des Denkens als einen Wasserfall zu verstehen, als eine ständige Gedankenflut. Wenn wir Achtsamkeit entwickeln, gehen wir über das Denken hinaus oder wir schauen dahinter, so als würden wir eine schützende Bucht im Felsen hinter einem Wasserfall finden. Wir sehen und hören das Wasser dann immer noch, aber wir befinden uns nicht mehr mitten darin.

Wenn wir auf diese Weise üben, verändern sich unsere Gedankenmuster von selbst in einer Weise, die die Ganzheit, das Verstehen und das Mitgefühl in unserem Leben fördert. Dies geschieht jedoch keinesfalls dadurch, daß wir sie verändern oder einen Gedanken durch einen anderen ersetzen, von dem wir glauben, daß er reiner sei. Vielmehr geht es darum, unsere Gedanken als Gedanken und unsere Beziehung zu ihnen zu verstehen, so daß sie uns dienlich sind und nicht wir ihnen dienen müssen.

Wenn wir beschließen, positiv zu denken, so kann dies durchaus nützlich sein, aber es hat nichts mit Meditation zu tun. Auch das ist nur Denken. Wir können ebensoleicht zu Gefangenen des sogenannten positiven Denkens werden, wie wir Gefangene des negativen Denkens sein können. Auch positives Denken kann begrenzend, fragmentiert, ungenau, illusorisch, selbstbezogen und falsch sein. Um in unserem Leben eine echte Transformation zu vollziehen und über die Grenzen des Denkens hinauszugelangen, ist ein völlig anders geartetes Element erforderlich.

Nach innen gehen

Es entsteht leicht der Eindruck, daß es bei der Meditation darum geht, sich nach innen zu wenden oder im eigenen Inneren zu verweilen. Aber «innen» und «außen» sind Unterscheidungen von begrenztem Wert. In der Stille der formellen Meditationsübung richten wir unsere Energien tatsächlich nach innen, finden allerdings dadurch heraus, daß die ganze Welt in unserem eigenen Geist und Körper enthalten ist.

Wenden wir uns über längere Zeit nach innen, werden wir merken, wie armselig unser ständiges Bestreben ist, außerhalb von uns selbst nach Glück, Verständnis und Weisheit zu suchen. Damit will ich nicht behaupten, daß Gott, unsere Umgebung und andere Menschen uns nicht helfen können, glücklich zu sein oder Befriedigung zu finden, sondern nur, daß unser Glück, unsere Zufriedenheit und unser Verständnis, sogar das Verständnis Gottes, niemals tiefer sein werden als unsere Fähigkeit, uns selbst innerlich zu kennen, als unsere Fähigkeit, die äußere Welt aus dem tiefen Wohlbehagen heraus zu erleben, das entsteht, wenn wir uns in unserer eigenen Haut zu Hause fühlen, wenn wir mit den

Eigenarten unseres Geistes und unseres Körpers zutiefst vertraut sind.

Wenn wir jeden Tag eine Zeitlang in Stille verweilen und nach innen schauen, treten wir mit dem in Kontakt, was in uns selbst am ursprünglichsten und zuverlässigsten ist und was am leichtesten übersehen und gewöhnlich nicht entwickelt wird. Wenn wir uns trotz des Drängens und Zerrens der äußeren Welt auf uns selbst gründen – auch wenn uns dies nur für kurze Augenblicke gelingt, in denen wir nicht anderswo nach etwas Ausschau halten, das uns auszufüllen oder glücklich zu machen vermag –, werden wir uns überall zu Hause fühlen, im Frieden mit den Dingen, so wie sie sind, Augenblick für Augenblick.

Gehe nicht aus deinem Haus, um die Blumen
  zu sehen.
Mein Freund, mache dir nicht die Mühe, diesen Weg
  zu gehen.
Auch in deinem Körper gibt es Blumen.
Eine Blume hat tausend Blütenblätter.
Das sollte genügen für einen schönen Sitzplatz.
Wenn du dich dort niederläßt, wirst du eine Ahnung
  von der Schönheit bekommen,
der Schönheit im Inneren des Körpers und der
  äußeren Schönheit,
vor den Gärten und nach den Gärten.

Kabir

Das Schwere ist die Wurzel des Leichten.
Das Unbewegte ist die Quelle aller Bewegung.
So reist die Meisterin den ganzen Tag,
ohne ihr Haus zu verlassen.

Wie wundervoll die Anblicke auch sein mögen,
sie bleibt heiter in sich selbst.
Warum sollte die Herrscherin
hin und her flattern wie eine Närrin?
Wenn du dich hin und her blasen läßt,
verlierst du die Verbindung zu deiner Wurzel.
Wenn du dich von der Rastlosigkeit umhertreiben
läßt,
verlierst du die Verbindung dazu, wer du bist.

Lao-tzu, *Tao-te ching*

Nach innen kehr dein Aug' und du wirst finden
An tausend unerforschte Regionen;
Bereise sie und werde wohl bewandert
In deiner eignen Heimatweltenkunde.

Henry D. Thoreau, *Walden*

Übung: Wenn Sie das nächstemal das Gefühl haben, daß irgend etwas fehlt oder nicht ganz in Ordnung ist, so versuchen Sie einmal, sich nach innen zu wenden. Versuchen Sie, die Energie genau jenes Augenblicks einzufangen. Schaffen Sie ein wenig Platz für sich selbst, statt in irgendeine Zeitung zu gucken, sich einen Film anzuschauen, einen Freund anzurufen, sich etwas zu essen zu machen oder auf irgendeine andere Weise etwas zu «tun». Setzen Sie sich und treten Sie in Ihren Atem ein, und wenn es nur für ein paar Minuten ist. Halten Sie nach nichts Bestimmtem Ausschau – preisen Sie nicht die Tugenden von irgend etwas, und verdammen Sie auch nicht irgendwelche Unzulänglichkeiten. Denken Sie nicht einmal: «Ich wende mich jetzt nach innen.» Setzen Sie sich einfach hin. Lassen Sie sich im Zentrum der Welt nieder. Lassen Sie die Dinge so sein, wie sie sind.

II

Das Herz der Übung

Was hinter uns liegt und was vor uns liegt,
sind winzige Dinge, verglichen mit dem,
was in uns liegt.

Oliver Wendell Holmes

Sitzmeditation

Was ist das Besondere am Sitzen? Nichts, wenn wir damit die Art meinen, wie wir gewöhnlich sitzen. Sitzen ist nichts weiter als eine bequeme Position, in der wir unsere Füße entlasten. Doch wenn es um Meditation geht, ist Sitzen etwas ganz Besonderes.

Das läßt sich sogar bei oberflächlicher Betrachtung leicht von außen erkennen. Beispielsweise ist es schwer festzustellen, ob ein Mensch meditiert, wenn er steht oder liegt oder geht, aber man sieht es sofort, wenn er sitzt, insbesondere wenn er auf dem Boden sitzt. Die sitzende Haltung verkörpert Wachheit, selbst wenn der Betreffende seine Augen geschlossen hält und sein Gesicht heiter und friedvoll wirkt. Das Sitzen eines Meditierenden ähnelt in seiner Majestät und Unerschütterlichkeit einem Berg. Es verkörpert eine Stabilität, die nach innen wie nach außen strahlt. Sobald der Meditierende schläfrig wird, verflüchtigen sich alle diese Qualitäten. Der Geist kollabiert innerlich, der Körper auf eine äußerlich sichtbare Weise.

Bei der Sitzmeditation geht es jedoch nicht in erster Linie darum, eine bestimmte Körperhaltung einzunehmen, so wichtig diese auch sein mag. Das wichtigste ist, in bezug auf den Geist eine bestimmte Haltung einzunehmen. Es geht um ein «Sitzen des Geistes».

Sobald Sie sitzen, haben Sie viele Möglichkeiten, sich dem gegenwärtigen Augenblick zu nähern. Wesentlich dabei ist, willentlich die Aufmerksamkeit auszurichten, ohne zu urteilen. Variieren kann, *worauf* Sie Ihre Aufmerksamkeit richten und *wie* Sie dies tun.

Am besten beginnen Sie mit der Beobachtung des Atems: Sie folgen der Empfindung des Atems, wie er in Ihren Körper ein- und wieder aus ihm herausströmt. Im Laufe der Zeit können Sie Ihr Gewahrsein ausweiten auf alles Kommen und Gehen, auf all die Bewegungen Ihrer Gedanken und Gefühle, Wahrnehmungen und Impulse, auf die vielen Regungen Ihres Körpers und Geistes. Doch es kann einige Zeit dauern, bis Ihre Konzentration und Achtsamkeit stark genug sind, um ein so großes Spektrum von Erscheinungen im Gewahrsein zu behalten, ohne daß Sie sich darin verlieren, an bestimmten Phänomenen haften oder ganz einfach von der ungeheuren Vielfalt überwältigt werden. Die meisten von uns benötigen Jahre dazu, und es hängt weitgehend von unserer Motivation und der Intensität unseres Übens ab, ob es uns gelingt, unseren Geist «seßhaft» zu machen.

Benutzen Sie den Atem als Anker, wenn Sie Gefahr laufen, durch Ihre Gedanken abgetrieben zu werden.

Übung: Reservieren Sie täglich eine gewisse Zeit, fünf oder zehn bis zwanzig Minuten, nur um zu sein. Setzen Sie sich, und beobachten Sie, wie die Augenblicke sich entfalten, mit nichts anderem im Sinn, als voll dazusein. Benutzen Sie den Atem als Anker. Ihr Geist wird, je nach Strömungen und Winden, abtreiben, bis die Ankerkette sich spannt und der Anker des Atems ihn zurück in den Augenblick holt. Halten Sie sich aufrecht, aber versteifen Sie sich nicht. Sehen Sie sich selbst als Berg.

Nehmen Sie Platz

Sich hinsetzen, um zu meditieren, bedeutet nicht, sich einfach irgendwo irgendwie hinsetzen. Sowohl in der Wahl des Ortes wie in der Achtsamkeit, die den Körper erfüllt, drückt sich Energie aus.

Die Haltung verkörpert einen *Standpunkt*, so wie man «einen Standpunkt einnimmt», auch wenn es hier nicht ums Stehen, sondern ums Sitzen geht. Dabei ist ein starkes Gefühl im Spiel für den Ort, die Plazierung des Körpers und des Geistes und den Augenblick.

Wir nehmen Platz zum Meditieren und behalten all dies im Gedächtnis, ohne jedoch eine bestimmte Erwartung an den Ort oder die Haltung zu knüpfen. Vielleicht gibt es tatsächlich in der Natur oder in Gebäuden bestimmte «Kraftorte»; doch wenn Sie sich die Haltung zu eigen machen, daß Sie «einen Standpunkt einnehmen», können Sie überall und in jeder Haltung sitzen und sich zu Hause fühlen. Wenn Ihr Geist und Ihr Körper zusammenarbeiten, um den Körper, die Zeit, den Ort und die Haltung im Gewahrsein zu halten, ohne sich darauf zu versteifen, daß dies auf eine ganz bestimmte Weise erfolgen muß, dann und *nur* dann sitzen Sie wahrhaft.

Würde

Wenn wir uns hinsetzen, um zu meditieren, spricht unsere Haltung durch uns. Sie macht eine eigenständige Aussage. Man könnte sagen, daß die Haltung selbst schon Meditation ist. Sinken wir in uns zusammen, spiegelt dies Energiemangel, Passivität oder fehlende Klarheit wider. Wenn wir dasitzen, als ob wir einen Besenstiel verschluckt hätten, sind wir angespannt, strengen uns zu sehr an. Wenn ich Menschen in der Meditation unterweise und sie auffordere, auf eine Weise zu sitzen, die Würde verkörpert, so bemühen sich alle Anwesenden augenblicklich, sich aufrechter hinzusetzen. Die Gesichter entspannen sich, die Schultern fallen herab, und Kopf, Hals und Rücken nehmen eine lockere, als Ganzes harmonische Haltung ein. Die Wirbelsäule erhebt sich energievoll aus dem Becken. Manche Leute setzen sich ein wenig nach vorn gebeugt hin; ihr Oberkörper strebt von der Rückenlehne ihres Stuhls weg, und sie wirken unabhängiger. Alle scheinen das innere Gefühl der Würde zu kennen und zu wissen, wie man ihm Ausdruck verleiht.

Vielleicht müssen wir von Zeit zu Zeit an unsere Würde und unseren Wert erinnert werden. Manchmal fühlen wir uns entwürdigt aufgrund der Wunden und Narben, die wir uns in der Vergangenheit zugezogen haben, oder bedingt durch die Unsicherheit der Zukunft. Selten ist, daß wir uns völlig aus uns selbst heraus unwürdig fühlen. Das Gefühl der Wertlosigkeit wurde vielen von uns von klein auf eingepflanzt und die meisten haben ihre Lektion gut gelernt.

Wenn wir uns also zur Meditation hinsetzen und uns daran erinnern, mit Würde zu sitzen, kehren wir zu unserem ursprünglichen Gefühl des eigenen Wertes zurück. Dies allein ist ein wichtiger Akt. Sind wir bereit, den Strömen der unmittelbaren Erfahrung in diesem Augenblick zu lauschen, und dann in diesem und in diesem ... ?

Übung: Sitzen Sie dreißig Sekunden lang mit Würde. Achten Sie darauf, wie Sie sich dabei fühlen. Versuchen Sie auch, mit Würde zu stehen. Wo sind Ihre Schultern? Was ist mit Ihrer Wirbelsäule, mit Ihrem Kopf? Was würde es bedeuten, mit Würde zu gehen?

Haltung

Wenn Sie mit voller Bewußtheit sitzen, drückt Ihr Körper durch seine Haltung tiefe Hingabe aus. Dieser Ausdruck strahlt nach innen wie nach außen. Eine Sitzhaltung, die Würde zum Ausdruck bringt, ist in sich selbst eine Affirmation der Freiheit und der Harmonie, der Schönheit und der Fülle des Lebens.

Selbst wenn Sie sich deprimiert, niedergedrückt oder verwirrt fühlen, kann meditatives Sitzen die Stärke und den Wert des Lebens bekräftigen, das Sie jetzt führen. Wenn Sie die Geduld aufbringen, auch nur für kurze Zeit mit Würde zu sitzen, so können Sie dadurch mit dem Kern Ihres Seins Fühlung aufnehmen, mit jener Domäne, die jenseits all der Höhen und Tiefen des

Lebens liegt. Dieser Kern verändert sich nicht mit den wechselnden Geisteszuständen oder Lebensumständen. Er ist spiegelgleich und reflektiert unvoreingenommen, was vor ihm auftaucht.

Achtsame Sitzmeditation ist kein Versuch, Problemen oder Schwierigkeiten zu entfliehen, indem Sie sich in einen isolierten «meditativen» Zustand der Versenkung versetzen, der die Wirklichkeit des Hier und Jetzt leugnet. Im Gegenteil, Sitzmeditation setzt die Bereitschaft voraus, Schmerz, Verwirrung oder Verlust unmittelbar ins Angesicht zu blicken und über eine längere Zeitspanne beim Beobachten und damit jenseits des Denkens zu verweilen. Sie versuchen, zu Verständnis zu gelangen, indem Sie die gegenwärtige Situation im Gewahrsein behalten, zusammen mit dem Atem, während Sie in der Sitzhaltung verharren.

Ein Zen-Lehrer, Shunru Suzuki Roshi, sagte: «Der Geisteszustand, der existiert, wenn du in der richtigen Haltung sitzt, ist Erleuchtung ... Diese Formen [Sitzmeditation] sind keineswegs nur das Mittel, mit dessen Hilfe man den richtigen Geisteszustand erreicht. Diese Haltung einzunehmen *ist* der richtige Geisteszustand.»

Wenn wir also Sitzmeditation üben, so bedeutet das, daß wir auf eine Weise sitzen, in der unser Körper Präsenz ausdrückt und ausstrahlt, wir uns dem hingeben, was in jedem einzelnen Augenblick auftaucht, und daß wir dies akzeptieren. Diese Haltung verkörpert Nicht-Anhaften und unerschütterliche Stabilität. Deshalb empfinden viele Meditierende das Bild des Berges als hilfreich, wenn es darum geht, Konzentration und Achtsamkeit in der Sitzmeditation zu vertiefen. Indem wir uns vor Augen führen, wie ein Berg sich erhebt, indem wir uns seine Massivität, Majestät, Unerschütterlichkeit und Verwurzeltheit vergegenwärtigen, werden unsere Körperhaltung und unsere innere Einstellung um ebendiese Qualitäten bereichert.

Es ist wichtig, daß Sie diese Eigenschaften in Ihrer Meditationsübung immer wieder zu fördern versuchen. Wenn wir das Verkörpern von Würde üben, von Stille, von unerschütterlichem Gleichmut angesichts aller Geisteszustände, die auftauchen mögen – insbesondere große Sorge oder Unruhe –, so kann dadurch eine feste, zuverlässige Grundlage entstehen, die ein dauerhaftes Aufrechterhalten von Achtsamkeit und Gleichmut ermöglicht, selbst in Zeiten von starkem Streß und emotionalem Aufruhr.

Es genügt nicht, nur zu denken, daß Sie wissen, wie man achtsam ist, und daß Sie sich das Praktizieren dieses Zustandes für schwierige Augenblicke aufsparen. Dieser Gedanke ist aus offensichtlichen Gründen verführerisch, aber schwierige Augenblicke enthalten so viel Energie, daß sie uns «umwerfen». Meditationspraxis ähnelt der langsamen, disziplinierten Arbeit des Aushebens von Gräben, der Arbeit in Weingärten oder des Ausschöpfens eines Teiches. Es ist eine Arbeit, bei der es auf die vielen einzelnen, zusammenhängenden Augenblicke ankommt – die Arbeit eines ganzen Lebens.

Die Haltung der Hände

Yogische und meditative Traditionen kennen und nutzen seit Jahrtausenden subtile Energiebahnen im Körper. Wir wissen intuitiv, daß alle unsere Körperhaltungen jeweils eine ganz bestimmte, für sie charakteristische Aussage machen, die ebenso nach innen wie nach außen strahlt. Heute wird dies unter dem Begriff «Körpersprache» zusammengefaßt. Mit Hilfe dieser Sprache können wir entziffern, wie andere Menschen sich fühlen, denn jeder Mensch sendet ununterbrochen Informationen über seine Gefühlslage aus.

Uns geht es hier darum, sensibel gegenüber der Sprache unseres eigenen Körpers zu werden. Dieses Gewahrsein kann das innere Wachstum stark anregen und zu umfassenden Transformationen führen. In den yogischen Traditionen bedient man sich zu diesem Zweck bestimmter Körperhaltungen, die als *mudras* bezeichnet werden. In einem gewissen Sinne sind alle Haltungen Mudras, da sie alle eine bestimmte Aussage machen und mit einem bestimmten Energiezustand verbunden sind. Doch definieren Mudras in erster Linie Positionen der Hände und Füße.

Wenn Sie sich in einem Museum buddhistische Gemälde und Statuen ansehen, werden Sie bemerken, daß sich bei den Hunderten von unterschiedlichen Abbildungen von Meditierenden, die sitzen, stehen oder liegen, die Hände in bestimmten, immer wiederkehrenden Positionen befinden. Bei der Meditation im Sitzen liegen die Hände manchmal auf den Knien, wobei die Handinnenflächen nach unten gerichtet sind; in anderen

Fällen sind beide Handflächen nach oben gerichtet; manchmal berühren einer oder mehrere Finger der einen Hand den Boden, während die andere Hand nach oben gerichtet ist. Manchmal liegen die Hände im Schoß übereinander, wobei die Finger der einen Hand über den Fingern der anderen liegen und die Daumenspitzen einander sanft berühren, als würden sie ein unsichtbares Ei umfangen – eine Haltung, die «kosmische Mudra» genannt wird. Manchmal werden Finger und Handflächen über dem Herzen zusammengelegt, wie es beim christlichen Gebet üblich ist. Diese Handhaltung wird im Osten auch bei der Begrüßung verwendet, und sie symbolisiert, daß man die Göttlichkeit in der anderen Person anerkennt und ehrt.

Die Hand-Mudras verkörpern jeweils unterschiedliche Energien, mit denen Sie in der Meditation experimentieren können. Versuchen Sie zu sitzen und die Hände mit nach unten gewandten Handflächen auf den Knien zu halten. Achten Sie dabei auf die mit dieser Haltung verbundene Qualität des In-sich-selbst-Ruhens. In meinen Augen bringt diese Haltung zum Ausdruck, daß man nicht nach mehr Ausschau hält, als da ist, sondern einfach annimmt, was ist.

Wenn Sie anschließend beide Handflächen achtsam nach oben kehren, werden Sie vielleicht eine Veränderung der Körperenergie wahrnehmen. Für mich verkörpert diese Sitzhaltung Empfänglichkeit, eine Offenheit für die Energie des Himmels (die Chinesen sagen: «Wie oben, so unten»). Es kann sehr hilfreich sein – insbesondere bei innerem Aufgewühltsein und Verwirrung –, beim Üben der Sitzmeditation das Schwergewicht auf die Empfänglichkeit zu legen. Dabei ist es keineswegs so, daß wir aktiv nach etwas Ausschau halten, das uns auf magische Weise helfen wird. Vielmehr öffnen wir uns durch die physische Haltung höheren Einsichten; wir aktivieren in uns eine Bereitschaft, mit jenen Energien in Kontakt zu treten, die wir uns gewöhnlich als höher, göttlich, himmlisch, kosmisch, universell, von höherer Ordnung und weise vorstellen.

Alle unsere Handpositionen sind Mudras, insofern sie mit Energien assoziiert sind. Betrachten wir beispielsweise die Energie der Faust. Wenn wir wütend werden, ballen wir unsere Hände oft zu Fäusten. Manche Menschen praktizieren diese Mudra unbewußt und gewohnheitsmäßig ihr ganzes Leben lang. Jedesmal erhalten dadurch Wut und Gewalt neue Nahrung.

Wenn Sie das nächste Mal merken, daß Sie aus Wut die Fäuste ballen, versuchen Sie einmal, der inneren Einstellung, die in der geballten Faust zum Ausdruck kommt, Achtsamkeit entgegenzubringen. Fühlen Sie die Spannung, den Haß, die Wut, die Aggression und die Angst, die darin enthalten sind. Wenn die Person, auf die sich ihre Wut richtet, anwesend ist, versuchen Sie, die Fäuste zu öffnen und die Handflächen über Ihrem Herzen gegeneinanderzudrücken, so daß die Hände vor der anderen Person die Gebetshaltung einnehmen. (Vermutlich wird das Gegenüber nicht die geringste Ahnung haben, was Sie da tun.) Achten Sie darauf, was mit Ihrer Wut und Ihrem Gefühl der Verletztheit geschieht, nachdem Sie diese Position ein paar Augenblicke lang beibehalten haben.

Ich habe die Erfahrung gemacht, daß es mir nicht möglich ist, meine Wut aufrechtzuerhalten, wenn ich meine Hände in diese Haltung bringe. Dabei geht es keineswegs darum, ob die Wut berechtigt ist oder nicht. Vielmehr kommen durch die Veränderung der Haltung alle möglichen anderen Gefühle ins Spiel, die die Energie der Wut auffangen und zähmen.

Als Gandhi aus nächster Nähe von seinem Mörder angegriffen wurde, legte er seine Hände auf die soeben beschriebene Weise in Richtung des Täters vor seine Brust, sprach sein Mantra und starb. Jahrelange Meditations- und Yogaübung, bei der er sich an der *Bhagavad-Gita* orientierte, hatte ihn in die Lage versetzt, allem gegenüber die Perspektive des Nicht-Anhaftens einzunehmen, sogar gegenüber seinem eigenen Leben.

So konnte er sich auch in seinem letzten Augenblick in jene Haltung versetzen. Er starb weder wütend noch überrascht. Ihm war klar gewesen, daß sein Leben dauernd in Gefahr schwebte. Doch er hatte danach gestrebt, seiner Vision zu folgen und sich um weises Handeln zu bemühen.

Er war in seinem Leben an den Punkt gelangt, an dem er Mitgefühl wahrhaft verkörperte, und widmete sein Leben mit unerschütterlicher Hingabe der politischen wie der spirituellen Befreiung. Sein persönliches Wohl war für ihn, verglichen mit jenen übergeordneten Bestrebungen, von begrenzter Bedeutung. Er setzte es ständig aufs Spiel.

Übung: Werden Sie sich der verschiedenen subtilen emotionalen Qualitäten bewußt, die Sie zu verschiedenen Tageszeiten sowie während der Sitzmeditation zum Ausdruck bringen. Achten Sie besonders auf Ihre Hände. Ändert sich etwas, wenn Ihre Hände eine andere Position einnehmen? Versuchen Sie herauszufinden, ob es Ihrer Achtsamkeit zugute kommt, wenn Sie sich Ihres Körpers stärker bewußt werden.

Beobachten Sie, ob das Einbeziehen der Hände in die

Meditationsübung Einfluß darauf hat, wie Sie Dinge und Menschen berühren. Alle unsere *Hand*lungen, angefangen beim Öffnen einer Tür bis zur körperlichen Liebe, sind mit Berührung verbunden. Vergegenwärtigen Sie sich, wie schwierig es ist, einen anderen Menschen zu berühren, ohne daß dabei irgendein Automatismus oder eine Absicht im Spiel ist: so zu berühren, daß Sie einfach nur präsent sind und Ihre Zuneigung zum Ausdruck bringen.

Nach der Meditation

Die Augenblicke am Ende einer Meditationsperiode bringen Schwierigkeiten eigener Art mit sich. Weil wir gedanklich das Ende vorwegnehmen, kann unsere Achtsamkeit nachlassen. Es ist wichtig, wie Sie diesen Übergang handhaben. Er fordert uns dazu heraus, unsere Achtsamkeit zu vertiefen und ihren Wirkungsbereich zu erweitern.

Wenn Sie gegen Ende einer Meditationssitzung nicht besonders aufmerksam sind, kann es passieren, daß Sie plötzlich etwas anderes tun, ohne daß Ihnen klar ist, wie Ihre Meditation zu Ende gegangen ist. Der Übergang ähnelt dann bestenfalls einem Verschwimmen. Sie können diesem Prozeß mit Achtsamkeit begegnen, indem Sie den Kontakt zu den Gedanken und Impulsen herstellen, die Ihnen sagen, daß es Zeit ist aufzuhören. Ganz gleich, ob Sie eine Stunde oder drei Minuten lang still gesessen haben, in jedem Fall kann plötzlich ein starkes

Gefühl auftauchen, das Ihnen sagt: «Es ist genug.» Oder Sie schauen auf die Uhr und stellen fest, daß der Zeitpunkt gekommen ist, zu dem Sie mit der Übung aufhören wollten.

Insbesondere wenn Sie die Meditationsübung selbständig durchführen, sollten Sie versuchen, den ersten Impuls zum Aufhören zu entdecken sowie alle später folgenden, die gewöhnlich stärker werden. Atmen Sie ein paar Augenblicke in einen solchen Impuls hinein, und versuchen Sie herauszufinden, was hinter ihm steckt. Ist es Erschöpfung, Langeweile, Schmerz, Ungeduld, oder ist es tatsächlich an der Zeit aufzuhören? Was auch immer der Grund sein mag, statt automatisch aufzuspringen und sich anderen Dingen zuzuwenden, sollten Sie bei dem Ergebnis der Selbstbefragung verweilen, ein paar Augenblicke oder länger in diese Gefühle hineinatmen und zulassen, daß das Aufgeben der Meditationshaltung ebensosehr zum Gegenstand des Gewahrseins von Augenblick zu Augenblick wird wie jeder andere Moment in der Meditation.

Diese Übung kann die Achtsamkeit in den vielen unterschiedlichen Situationen steigern, in denen es darum geht, etwas zum Abschluß zu bringen oder zu beenden und sich etwas anderem zuzuwenden. Solche Situationen können so einfach und kurz andauernd sein wie das Schließen einer Tür oder so kompliziert und schmerzhaft wie das Ende eines Lebensabschnitts. Gerade weil das Schließen einer Tür ziemlich automatisch geschieht, kann das achtsame Schließen unsere Sensibilität, unsere Fähigkeit, mit allen unseren Augenblicken in Fühlung zu sein, vertiefen, und es kann gewohnheitsmäßige, unbewußte Verhaltensmuster an die Oberfläche bringen. Ebensoviel, wenn nicht gar mehr Unachtsamkeit schleicht sich oft in die wichtigsten Abschlüsse und Übergänge unseres Lebens ein, einschließlich des Alterns und unseres eigenen Todes. Auch darauf wirkt sich Achtsamkeit heilsam aus. Es kann sein, daß wir eine so starke Abwehr dagegen haben, das volle Ausmaß unseres emotionalen Schmerzes zu spüren, daß wir uns unbewußt in eine Wolke der Benommenheit flüchten. Wie ein Nebel umhüllt die Unachtsamkeit gerade jene Augenblicke, die es uns ermöglichen, Kontakt zu den universellen und unpersönlichen Aspekten des Seins und Werdens herzustellen, die uns helfen könnten, uns mit der absoluten Unvermeidlichkeit der Veränderung auszusöhnen.

In der Zen-Tradition werden Gruppen-Sitzmeditationen manchmal durch kräftiges Gegeneinanderschlagen von zwei Holzstücken beendet. Im abrupten Geräusch der aufeinanderschlagenden Holzstücke ist die Botschaft enthalten, daß ein Einschnitt gemacht werden muß – es ist Zeit, sich anderen Dingen zuzuwenden. Wenn Sie sich in dem Augenblick, in dem das Geräusch des aufeinanderschlagenden Holzes ertönt, auch nur vage in einem Tagtraum befinden, wird Ihnen das Geräusch einen Schrecken einjagen und dadurch deutlich machen, wie wenig Sie in jenem Augenblick tatsächlich gegenwärtig gewesen sind. Es erinnert Sie daran, daß das Sitzen vorüber ist und Sie sich jetzt in einem neuen Augenblick befinden, mit dem Sie sich aufs neue auseinandersetzen müssen.

In anderen Traditionen wird das Ende einer Gruppenmeditation durch den sanften Klang einer Glocke angedeutet. Die Sanftheit der Glocke geleitet Sie ebenfalls aus der Meditation ins Leben zurück, und auch dies zeigt Ihnen an, ob Ihr Geist im Augenblick des Erklingens abgeschweift ist. Das sanfte wie das harte Zeichen erinnert uns daran, in Augenblicken des Übergangs völlig präsent zu sein, daran, daß jedes Ende gleichzeitig ein neuer Anfang ist.

> Die Meisterin sieht die Dinge, wie sie sind,
> ohne daß sie versucht, sie sich zu unterwerfen.
> Sie läßt sie ihrer eigenen Wege gehen
> und nimmt ihren Sitz im Zentrum des Kreises ein.
>
> Lao-tzu, *Tao-te ching*

Übung: Richten Sie Ihre Aufmerksamkeit darauf, wie Sie Ihre Meditationsübung beenden. Ganz gleich, ob Sie im Liegen, im Sitzen, im Stehen oder im Gehen meditieren, achten Sie darauf, «wer» die Meditation beendet, wie sie endet, wann sie endet und warum. Beurteilen und verurteilen Sie die Antworten ebensowenig wie sich selbst, sondern beobachten Sie nur, und verfolgen Sie den Übergang von einem Ding zum nächsten.

Übungsdauer

Frage: Dr. Kabat-Zinn, wie lange sollte ich meditieren?
Antwort: Wie soll ich das wissen?

Immer wieder stellen Menschen mir die Frage, wie lange sie meditieren sollten. Die meisten Menschen, die an den Meditationskursen in unserer Klinik teilgenommen haben, haben sich mindestens acht Wochen lang täglich fünfundvierzig Minuten ununterbrochen der Meditationsübung gewidmet, was fast alle zwang, ihren gewohnten Tagesablauf stark zu verändern.

Fünfundvierzig Minuten erschienen uns lang genug, um einen Zustand der inneren Ruhe zu erreichen, die Aufmerksamkeit über längere Zeit auf die aufeinanderfolgenden Augenblicke zu richten und um zumindest eine gewisse Ahnung davon zu bekommen, was tiefe Entspannung ist, sowie von dem damit verbundenen Wohlgefühl. Außerdem glaubten wir, daß die Übenden in dieser Zeitspanne ausreichend Gelegenheit hätten, sich mit jenen schwierigeren Geisteszuständen zu beschäftigen, die wir gewöhnlich zu vermeiden versuchen, weil sie unser Leben aus der gewohnten Bahn werfen, und die, sofern sie uns nicht völlig überwältigen, unsere Fähigkeit, ruhig und achtsam zu bleiben, auf eine harte Probe stellen, wie zum Beispiel Langeweile, Ungeduld, Frustration, Angst, Furcht und Sorgen (wozu auch zählt, sich Sorgen darüber zu machen, was man alles tun könnte, wenn man nicht die Zeit damit verschwenden würde, zu meditieren), Phantasien, Erinnerungen, Wut, Schmerz, Erschöpfung, Kummer.

Viele haben diese Praxis auch nach jenen ersten acht Wochen beibehalten. Sie wird im Laufe der Zeit nicht nur leichter, sondern für das gesamte weitere Leben zu einer Notwendigkeit.

Doch was für einen Menschen zu einer bestimmten Zeit eine Herausforderung ist, der sich zu stellen und standzuhalten er vermag, kann zu einem anderen Zeitpunkt nahezu unmöglich sein. Eine alleinstehende Mutter mit kleinen Kindern kann sich mit Sicherheit nicht drei Viertelstunden ohne Unterbrechung für *irgend etwas*

Zeit nehmen. Aber bedeutet das, daß sie nicht meditieren kann?

Es ist wichtig, sich klarzumachen, daß Meditation nichts mit einer bestimmten Uhrzeit oder mit einer vorgegebenen Zeitspanne zu tun hat. Fünf Minuten Meditationsübung können eine ebenso tiefe Wirkung haben wie eine fünfundvierzigminütige Sitzung. Wesentlich wichtiger als die rein chronometrische Zeitspanne ist, wie intensiv man die verfügbare Zeit nutzt. Denn es geht letztlich darum, aus dem Gefüge der Minuten und Stunden heraus- und in die Augenblicke einzutreten, die wahrhaft dimensionslos und deshalb unendlich sind. Motivation allein ist das für Sie persönlich Entscheidende. Das Feuer der Achtsamkeit muß angefacht und genährt und vor den Winden eines geschäftigen Lebens oder eines rastlosen und gequälten Geistes geschützt werden, so wie man eine kleine Flamme vor starken Luftzügen schützen muß.

Wenn Sie es anfangs schaffen, sich für fünf oder gar nur für eine Minute der Entwicklung der Achtsamkeit zu widmen, so ist das wunderbar. Es bedeutet, daß Sie sich bereits dessen bewußt sind, welchen Wert es hat, innezuhalten und sich vom Tun dem Sein zuzuwenden, selbst wenn es nur für einen Moment ist.

Wenn wir Studenten in der Meditation unterweisen, um ihnen zu helfen, mit dem Streß und manchmal auch den Traumata fertig zu werden, die ein Studium in seiner derzeitigen Form mit sich bringt, wenn wir Sportler darin unterrichten, die ihre Leistungen verbessern wollen, oder wenn wir Menschen unterweisen, die nach der Genesung von einem Lungenleiden an einem Rehabilitationsprogramm teilnehmen, oder wenn wir Büroangestellten während der Mittagspause beizubringen versuchen, besser mit Streß umzugehen, dann bestehen wir nicht darauf, daß diese Menschen sich jeden Tag fünfundvierzig Minuten lang der Meditationsübung widmen. (Das tun wir nur bei unseren Klinikpatienten oder bei Menschen, die aus persönlichen Gründen bereit sind, ihren Lebensstil in erheblichem Maße zu verändern.) Statt dessen fordern wir sie auf, täglich fünfzehn Minuten zu üben oder, wenn möglich, zweimal am Tag fünfzehn Minuten.

Sie werden zugeben, daß wohl nur sehr wenige unter uns tatsächlich nicht in der Lage sind, sich ein- oder zweimal innerhalb von vierundzwanzig Stunden fünfzehn Minuten Zeit zu nehmen. Und wenn selbst fünfzehn Minuten wirklich zuviel sind, dann ist es sicherlich möglich, zehn oder fünf Minuten zu erübrigen.

Vergegenwärtigen Sie sich, daß es auf einer 15 Zentimeter langen Linie unendlich viele Punkte gibt und daß auf einer drei Zentimeter langen Linie ebenfalls unendlich viele Punkte liegen. Aus wie vielen Augenblicken bestehen dann fünfzehn Minuten, oder fünf oder zehn oder fünfundvierzig? Wenn wir darüber nachdenken, wird uns klar, daß wir ungeheuer viel Zeit haben, wenn wir bereit sind, alle Augenblicke mit Gewahrsein zu erleben.

Eine Reise von tausend Meilen beginnt mit einem einzigen Schritt. Wenn wir diesen ersten Schritt mit Hingabe gehen – das heißt, uns auch für die kürzeste denkbare Zeitspanne zur Meditation niederlassen –, können wir das Zeitlose berühren, das in jedem Augenblick enthalten ist. Daraus, und nur daraus, entspringt alles Wohlsein.

Wenn du wahrhaft nach mir Ausschau hältst,
wirst du mich sofort sehen –
du wirst mich im winzigsten Haus der Zeit finden.

Kabir

Übung: Probieren Sie verschiedenste Zeitspannen der Sitzmeditation aus. Läßt Ihre Konzentration nach, wenn Sie über längere Zeit sitzen? Verstricken Sie sich in den Gedanken, um wie viel länger Sie noch gegenwärtig sein «müssen»? Taucht irgendwann Ungeduld oder Rastlosigkeit auf? Angst? Langeweile? Zeitdruck? Schläfrigkeit? Benommenheit? Wenn Meditation für Sie neu ist, bemerken Sie dann in sich den Gedanken: «Das ist Unsinn» oder «Mache ich es richtig?» oder «Ist das alles, was ich spüren soll?»?

Setzen diese Gefühle gleich von Anfang an ein, oder treten sie erst nach einiger Zeit auf? Können Sie sie beobachten, ohne sie zu beurteilen und ohne sich selbst zu verurteilen? Wenn Sie diese Zustände betrachten und sie einfach sein lassen, werden Sie möglicherweise viel darüber lernen, was in Ihnen stark und unerschütterlich ist. Und es wird wahrscheinlich noch stärker werden, wenn Sie die innere Stabilität und Ruhe nähren.

Den einzig richtigen Weg gibt es nicht

Wenn ich wandern gehe, werde ich mir immer wieder der Frage bewußt, wohin ich meine Füße am besten setze. Wenn wir über mit Felsbrocken übersäte Felder klettern und über steile Hänge, auf Wegen und querfeldein marschieren, treffen unsere Füße in Bruchteilen von Sekunden für uns Entscheidungen, wo und wie sie aufsetzen, in welchem Winkel, mit wieviel Druck, ob auf den Fersen oder auf den Zehen, ob gedreht oder gerade.

Unsere Füße finden ihren Weg allein, praktisch ohne Mitwirken des bewußten Denkens, abgesehen von gelegentlichen schwierigen Stellen, wo Abschätzen und Erfahrung zum Tragen kommen. Aber das ist die Ausnahme, nicht die Regel. Gewöhnlich schauen wir nicht auf unsere Füße und denken über jeden Schritt nach. Wir schauen vielmehr vor uns auf den Weg, und unser Gehirn, das alle Eindrücke registriert, trifft innerhalb des Bruchteils einer Sekunde Entscheidungen, aufgrund derer wir den Fuß so aufsetzen, daß es im Augenblick unserem Bedürfnis, Boden unter den Füßen zu haben, gerecht wird.

Eine sozusagen «eingebaute» Achtsamkeit wird in uns aktiviert, wenn wir uns vorsichtig durch schwieriges Gelände bewegen. Und wenn wir einen bestimmten Weg zehnmal gehen, so lösen wir das Problem der einzelnen Schritte jedesmal anders. Die Art, wie wir ein bestimmtes Gelände zu Fuß durchqueren, entfaltet sich stets aus der Einzigartigkeit des Augenblicks.

Bei der Meditation ist es nicht anders. Es gibt keine «richtige Art» zu üben, obgleich es auch auf dem Pfad der Achtsamkeit Fallgruben gibt.

Am besten, man hält sich an die eigene direkte Erfahrung und würdigt sie, statt sich Sorgen darüber zu machen, ob *das* es ist, was man fühlen oder sehen oder woran man denken «sollte». Warum vertrauen Sie im Augenblick nicht Ihrer Erfahrung, genauso wie Sie

Ihrem Fuß zutrauen, auch in unebenem Gelände Ihren Körper im Gleichgewicht zu halten? Unsere Füße und unser Atem lehren uns, unsere Schritte zu beobachten, achtsam zu schreiten, im Augenblick selbst Obdach zu finden, wo immer uns unsere Füße hintragen, und zu schätzen zu wissen, wo wir sind.

Übung: Werden Sie sich all der Momente während der Meditation bewußt, in denen Gedanken aufkommen wie: «Mache ich das richtig?» – «Ist es das, was ich fühlen sollte?» – «Ist es das, was passieren soll?» Statt zu versuchen, diese Fragen zu beantworten, blicken Sie tiefer in den Augenblick. Dehnen Sie Ihr Gewahrsein aus. Behalten Sie die Frage zusammen mit Ihrem Atem und mit dem vollständigen Kontext dieses speziellen Augenblicks im Gewahrsein. Vertrauen Sie darauf, daß «es dies ist» in diesem Augenblick – was auch immer «dies» sein mag. Beobachten Sie es, empfangen Sie es, öffnen Sie sich ihm, lassen Sie es sein, akzeptieren Sie es. Hier und jetzt. Nur dieser eine Schritt. Nur dieser Augenblick.

Was ist mein Weg?

Wir sind gewöhnlich schnell bei der Hand, anderen zu sagen, daß nicht immer alles so geht, wie sie es gerne hätten, als ob irgend etwas daran nicht in Ordnung wäre, gerade dies zu wollen.

Was wäre, wenn tatsächlich alles so gehen würde, wie

wir es gerne hätten? Wie wäre das? Erinnern Sie sich, in welche Schwierigkeiten Märchengestalten geraten, wenn eine Fee ihnen drei Wünsche gewährt?

Würden wir wissen, was «unser Weg» bzw. unsere Art, Dinge zu tun, ist, wenn es uns möglich wäre, sie zu realisieren? Würde es uns irgendwie weiterhelfen, wenn wir nach unseren Vorstellungen agieren könnten, oder würde es unser Leben nur noch mehr in Unordnung bringen, wenn es möglich wäre, unsere Wünsche impulsiv aus unseren häufig so unachtsamen Geisteszuständen heraus zu erfüllen?

Die wirklich interessante Frage lautet hier: «Was *ist* denn genau mein Weg?» Wir machen uns nur selten grundlegende Gedanken über unser Leben. Wie oft beschäftigen wir uns mit Fragen wie «Wer bin ich?», «Wohin gehe ich?», «Auf welchem Weg befinde ich mich?», «Ist das für mich die richtige Richtung?», «Wenn ich jetzt einen Weg wählen könnte, in welche Richtung würde ich mich dann wenden?», «Was ist meine Sehnsucht, mein Weg?», «Was liebe ich wirklich?».

Sich in die Frage «Was ist mein Weg?» zu versenken ist eine großartige Bereicherung für die Meditationspraxis. Wir brauchen nicht unbedingt Antworten auf diese Frage zu finden, und wir sollten uns auch nicht in die Vorstellung verrennen, daß es darauf eine bestimmte Antwort geben muß. Besser ist es, überhaupt nicht darüber nachzudenken, statt dessen einfach die Frage aufrechtzuerhalten und alle Antworten, die auftauchen, einfach kommen und wieder gehen zu lassen. Wir beobachten, hören zu, registrieren, lassen sein, lassen los und lassen unentwegt Fragen entstehen wie «Was ist mein Weg?», «Was ist mein Pfad?», «Wer bin ich?».

Es geht darum, offen gegenüber dem *Nichtwissen* zu bleiben und zuzulassen, daß wir an einen Punkt kommen, an dem wir zugeben: «Ich weiß nicht.» Versuchen Sie, locker damit umzugehen, statt sich selbst wegen dieses Nichtwissens zu verurteilen. Schließlich kann es in einem bestimmten Augenblick eine sehr zutreffende Aussage darüber sein, wie die Dinge für Sie stehen.

Fragen dieser Art bewirken häufig eine innere Öffnung, ein neuartiges Verstehen, Visionen und Handlungen. Die Selbstbefragung entwickelt nach einiger Zeit eine Art Eigenleben. Sie durchdringt die Poren unseres Seins und atmet neue Lebenskraft, Energie und Bedeutung in die Eintönigkeit und die Routine des Alltags. Sie ist eine gute Möglichkeit, den Pfad zu finden, der Ihrem Herzen am nächsten liegt. Dieser führt Sie auf eine Reise, die Ihnen heroische Qualitäten abverlangt, die Reise von Geburt zu Tod, die ein achtsam gelebtes Leben verkörpert.

Gelingt es uns, mit unserem sich entfaltenden Leben in Fühlung zu sein? Vermögen wir die Chance unseres Menschseins zu nutzen? Vermögen wir den Herausforderungen standzuhalten oder sie gar zu suchen, um uns auf die Probe zu stellen? Vermögen wir zu wachsen, unser Handeln an Prinzipien zu orientieren, uns selbst gegenüber wahrhaftig zu sein, unseren eigenen Weg zu finden, und dies letztlich nicht nur, um dieses Ziel zu erreichen, sondern auch, um es zu leben?

Die Berg-Meditation

Berge haben in allen Kulturen eine archetypische Bedeutung; sie sind heilige Orte. Die Menschen haben zu allen Zeiten auf ihnen und an ihrem Fuß spirituelle Erneuerung gesucht. Der Berg symbolisiert unter anderem die Achse der Welt (Mt. Meru), den Aufenthaltsort der Götter (der Olymp). Er ist der Ort, an dem spirituelle Führer mit Gott in Kontakt treten, seine Gebote empfangen und Pakte abschließen (Berg Sinai). Berge verkörpern Schrecken und Harmonie, Unbezwingbarkeit und Majestät. Sie überragen alles andere auf unserem Planeten, sie sind Wahrzeichen elementarer Kraft.

Es kann hilfreich sein, sich in der Meditationspraxis diese wundervollen archetypischen Eigenschaften der Berge gelegentlich «auszuborgen», um unsere Entschlossenheit zu stärken und den Augenblick mit elementarer Reinheit und Einfachheit im Gewahrsein zu halten. Das Bild des Berges vor unserem inneren Auge aufzubauen kann unsere Erinnerung daran auffrischen, warum wir überhaupt sitzen, und daran, was es tatsächlich bedeutet, im Reich des Nicht-Tuns zu verweilen. Der Berg ist *das* Symbol für das Verweilen in Gegenwärtigkeit und Stille.

Die Berg-Meditation können Sie in jeder Meditationshaltung ausführen, doch mir persönlich erscheint es am besten, mit gekreuzten Beinen auf dem Boden zu sitzen, so daß der Körper einem Berg am ähnlichsten sieht und sich auch dementsprechend anfühlt, innerlich wie äußerlich. Es ist sicherlich hilfreich, sich bei der Ausführung der Übung in den Bergen oder in Sichtweite der Berge aufzuhalten, aber es ist nicht unbedingt notwendig. Die Quelle der Kraft ist in diesem Fall das innere Bild.

Stellen Sie sich einen Berg vor, dessen Form Sie besonders anspricht. Achten Sie, während Sie sich auf das Bild oder auf das Gefühl des Berges vor Ihrem inneren Auge konzentrieren, auf seine Form, betrachten Sie seinen aufragenden Gipfel, dessen Basis im Felsgestein der Erdkruste ruht, und betrachten Sie die steilen oder sanft abfallenden Flanken. Achten Sie auch darauf, wie massiv der Berg ist, wie unbewegt, wie wundervoll, sowohl aus der Ferne als auch aus der Nähe betrachtet – eine Schönheit, die aus seiner einzigartigen Gestalt und Form hervorgeht und die gleichzeitig universelle Eigenschaften des «Bergseins» verkörpert, welche die spezielle Gestalt und Form transzendieren.

Vielleicht ist die Spitze Ihres Berges mit Schnee bedeckt, und seine niedrigeren Hänge sind bewaldet. Vielleicht hat er einen besonders hoch aufragenden Gipfel, vielleicht aber auch mehrere Gipfel oder ein hohes Plateau. Sitzen Sie, und atmen Sie mit dem Bild dieses Berges, beobachten Sie es, und werden Sie sich seiner Eigenschaften bewußt. Wenn Sie sich bereit fühlen, dann versuchen Sie, ob Sie den Berg in Ihren eigenen Körper versetzen können, so daß Ihr sitzender Körper und der Berg vor Ihrem inneren Auge eins werden. Ihr Kopf wird zu dem hoch aufragenden Gipfel, Ihre Schultern und Arme werden zu den Bergflanken, Ihr Gesäß und Ihre Beine werden zu der soliden Basis, die mit Ihrem Kissen auf dem Boden oder mit Ihrem Stuhl verwurzelt ist. Erleben Sie in Ihrem Körper das Gefühl des Emporstrebens, die emporstrebende Qualität des Berges tief in Ihrer eigenen Wirbelsäule. Laden Sie sich dazu ein, zu einem atmenden Berg zu werden, unerschütterlich in Ihrer Stille ruhend, ganz und gar das, was Sie sind – jenseits von Worten und Gedanken, eine zentrierte, verwurzelte, unerschütterliche Präsenz.

Nun «sitzt» der Berg, wie Sie wohl wissen, den ganzen Tag über einfach da, während die Sonne über den Himmel wandert. Licht und Schatten und Farben verändern sich von Augenblick zu Augenblick in der unnachgiebigen Stille des Berges. Der Berg bleibt still, während die Jahreszeiten ineinander übergehen und das Wetter sich Augenblick für Augenblick und Tag für Tag verändert. Stille, die alle Veränderung überdauert.

Im Sommer liegt kein Schnee auf dem Berg, außer vielleicht auf der höchsten Spitze oder in Bereichen, die das direkte Sonnenlicht nicht erreicht. Im Herbst ist der Berg manchmal von einem Mantel leuchtender Feuerfarben überdeckt, im Winter von einer Decke aus Schnee und Eis. In allen Jahreszeiten ist er gelegentlich von Wolken oder Nebel umhüllt, oder Eisregen prasselt auf ihn nieder. Bergwanderer sind vielleicht enttäuscht, wenn sie den Berg nicht klar sehen können, doch all das ist dem Berg gleichgültig – ob er zu sehen ist oder nicht, ob er im Sonnenlicht liegt oder von Wolken verhüllt wird, ob es glühendheiß oder eiskalt ist –, er sitzt einfach nur da und ist er selbst. Manchmal wird er von heftigen Stürmen erschüttert, von Winden unvorstellbarer Stärke umtost, doch sitzt der Berg unerschütterlich da. Der Frühling kommt, auf den Bergwiesen und Hängen erblühen die Blumen, und in den Bergbächen schießen gewaltige Mengen von Schmelzwasser zu Tal. Während all dies geschieht, hört der Berg nicht auf dazusitzen, ohne sich vom Wetter und von dem, was auf seiner Oberfläche geschieht, beeindrucken zu lassen.

Wenn wir sitzen und dieses Bild vor unserem inneren Auge erstehen lassen, können wir angesichts der Veränderungen in unserem Leben von Sekunde zu Sekunde, von Stunde zu Stunde und von Jahr zu Jahr die gleiche unerschütterliche Stille und Verwurzeltheit aufrechterhalten. Im Leben und in der Meditationspraxis erfahren wir, wie in unserem Geist, in unserem Körper und in der äußeren Welt ständig Veränderungen stattfinden. Wir erleben Zeiten des Lichts und der Dunkelheit, lebhafte Farben und düstere Dumpfheit. Wir erleben Stürme verschiedenster Intensität und Gewalt, in der äußeren Welt ebenso wie in unserem eigenen Leben und in unserem Geist. Wir stehen Zeiten der Dunkelheit und des Schmerzes ebenso durch, wie wir Augenblicke der Freude und der Hochstimmung genießen. Selbst unsere äußere Erscheinung verändert sich ständig, so wie die des Berges, während er dem Wetter und der Verwitterung ausgesetzt ist.

Indem wir in der Meditation selbst zum Berg werden, verbinden wir uns mit der Stärke und Stabilität des Berges und nutzen sie für unsere Zwecke. Unsere Gedanken und Gefühle, unsere emotionalen Stürme und Krisen, selbst die Dinge, die uns passieren, ähneln dem Wetter auf einem Berg. Wir neigen dazu, das Wetter unseres Lebens allzu persönlich zu nehmen, obwohl es weitgehend unpersönlich ist. Wir können es nicht ignorieren oder leugnen, sondern wir müssen ihm entgegentreten, es anerkennen und es spüren, es als das erkennen, was es ist, und ihm mit einem Höchstmaß an Gewahrsein begegnen. Wenn wir uns seiner in dieser Weise bewußt sind, können wir zu einer tiefen Ruhe, Stille und Weisheit gelangen, und dies inmitten all der tosenden Stürme.

Die Vögel sind in den Himmel entschwunden,
und nun verflüchtigt sich die letzte Wolke.

Wir sitzen zusammen, der Berg und ich,
bis nur der Berg bleibt.

Li Po

Übung: Versuchen Sie, das Bild des Berges innerlich gegenwärtig zu halten, während Sie sich der Meditationsübung widmen. Erforschen Sie die Fülle dieses Bildes, indem Sie Ihre Fähigkeit vertiefen, in der Stille zu verweilen. Versuchen Sie, über lange Zeiträume meditierend zu sitzen. Sitzen Sie auch angesichts von Widrigkeiten, von Schwierigkeiten, Stürmen oder trüben Stimmungen, die Ihren Geist beherrschen. Fragen Sie sich, was Sie dabei lernen. Sehen Sie, daß in Ihrer Einstellung gegenüber den Dingen, die sich in Ihrem Leben verändern, eine subtile Transformation stattfindet? Sind Sie in der Lage, das Bild des Berges in Ihrem Alltagsleben aufrechtzuerhalten? Vermögen Sie den Berg in anderen zu sehen und ihnen zuzugestehen, daß ihr Berg eine eigene Gestalt und Form hat?

Die See-Meditation

Das Bild des Berges ist nur eines von vielen, die Sie in Ihrer Übung unterstützen und die Meditationspraxis lebendiger und elementarer machen können. Bilder von Bäumen, Flüssen, Wolken und dem Himmel sind ebenfalls nützliche Verbündete. Das Bild selbst ist nicht das Entscheidende, aber es kann Ihre Sicht der Praxis vertiefen und erweitern.

Manche Menschen empfinden das Bild eines Sees als besonders hilfreich. Weil ein See eine weite Wasserfläche ist, bietet sich sein Bild für die Meditation im Liegen an; allerdings kann man durchaus auch im Sitzen damit arbeiten. Wir wissen, daß Wasser ebenso elementar ist wie Fels und daß es stärker ist als Fels, da es Felsgestein abzutragen vermag. Außerdem besitzt Wasser die Qualität der Anpassungsfähigkeit und Offenheit. Es teilt sich, um Dingen Einlaß zu gewähren, und sammelt sich dann wieder. Wenn Sie mit einem Hammer auf einen Berg oder einen Felsen schlagen, zersplittert oder zerbricht er trotz oder gerade wegen seiner Härte. Wenn Sie hingegen das Meer oder einen Teich mit einem Hammer schlagen, so bewirkt das nur, daß der Hammer rostet. Darin kommt eine der wichtigsten Tugenden des Wassers zum Ausdruck.

Wenn Sie das Bild des Sees in Ihrer Meditation verwenden wollen, so stellen Sie sich innerlich einen See vor, ein Gewässer, das von der Erde selbst gehalten wird. Vergegenwärtigen Sie sich, daß Wasser sich gern an tiefgelegenen Orten sammelt. Es sucht sich die ihm genehme Höhe selbst, strebt danach, gehalten zu werden. Der See, den Sie vor Ihrem inneren Auge erscheinen lassen, kann tief oder flach sein, blau oder grün, schlammig oder klar. Wenn kein Wind weht, ist seine Oberfläche glatt. Spiegelgleich reflektiert sie Bäume, Felsen, den Himmel und die Wolken, birgt Augenblick für Augenblick alles in sich. Der Wind erzeugt Bewegung auf der Wasseroberfläche, angefangen von einem leichten Kräuseln bis hin zu hohen Wellen. Die klaren

Spiegelungen verschwinden. Doch das Sonnenlicht kann auch in den Kräuselungen noch funkeln und auf den Wellen tanzen, dem Glitzern von Diamanten ähnlich. Wenn die Nacht anbricht, tanzt der Mond auf den Wellen oder spiegelt sich auf der stillen Oberfläche zusammen mit den Umrissen der Bäume und ihren Schatten. Im Winter kann sich eine Eisschicht auf dem See bilden, unter der es weiter von Leben wimmelt.

Werden Sie eins mit dem Bild Ihres Sees, während Sie auf dem Rücken liegend oder sitzend meditieren, so daß Ihre Energie durch Ihr Gewahrsein gehalten wird sowie durch Ihre Offenheit und Ihr Mitgefühl sich selbst gegenüber, ebenso wie das Wasser des Sees vom empfänglichen und akzeptierenden Becken der Erde gehalten wird. Atmen Sie Augenblick für Augenblick mit dem Bild des Sees, empfinden Sie seine Masse als Ihre eigene, und lassen Sie Ihren Geist und Ihr Herz offen und empfänglich werden, so daß reflektiert wird, was auch immer sich nähern mag. Erleben Sie die Augenblicke völliger Stille, in denen die Reflektionen ebenso wie das Wasser völlig klar sind, sowie die Augenblicke, in denen die Oberfläche gestört und aufgewühlt ist und die Spiegelungen und das, was sich unter der Wasseroberfläche befindet, sich einige Zeit dem Blick entziehen. Sitzen Sie, während all dies geschieht, einfach da, und beobachten Sie das Spiel der Energien Ihres eigenen Geistes und Herzens, die dahinfließenden Gedanken und Gefühle, Impulse und Reaktionen, die kommen und gehen, wie die Kräuselungen und Wellen auf der Wasseroberfläche.

Stören Ihre Gedanken und Gefühle die Oberfläche? Können Sie akzeptieren, daß das so ist? Vermögen Sie eine gekräuselte oder durch Wellen aufgewühlte

Wasseroberfläche als einen wesenseigenen, wichtigen Aspekt dessen zu sehen, ein See zu sein, eine Oberfläche zu haben? Sind Sie in der Lage, sich nicht nur mit der Oberfläche zu identifizieren, sondern mit der gesamten Masse des Wassers, so daß Sie auch zu der Stille unter der Oberfläche werden, die höchstens sanfte Wellenbewegungen erfährt, wenn die Oberfläche bis zum Schäumen aufgewühlt wird?

Können Sie sich in Meditationspraxis und Alltagsleben nicht nur mit dem Inhalt Ihrer Gedanken und Gefühle identifizieren, sondern auch mit dem riesigen, unerschütterlichen Reservoir des Gewahrseins selbst, das seinen Sitz unter der Oberfläche des Geistes hat? So wie der See von der Erde gehalten wird und Sonne, Mond und Sterne ebenso spiegelt wie die Wolken, die Vögel und das Licht; so wie er vom Wind und von der Luft gestreichelt wird, die sein Funkeln, seine Vitalität und seine Wesenheit zum Vorschein bringen und hervorheben, so halten wir bei der See-Meditation alle Eigenschaften unseres Geistes und unseres Körpers in akzeptierendem Gewahrsein.

> An solchen Tagen im September oder Oktober ist der Waldenteich ein vollkommener Waldspiegel, in einer Umrahmung von Steinen, welche, auch wenn sie seltener und ihrer weniger wären, in meinen Augen nicht köstlicher sein könnten. Auf der ganzen Erde ist vielleicht nichts so schön, so rein und zugleich so groß wie ein See. Himmelswasser!
> Es braucht keinen Schutz. Es ist ein Spiegel, den kein Stein zerschmettern kann, dessen Quecksilber sich nicht abnützt, dessen Vergoldung die Natur immer wieder ausbessert; kein Sturm, kein Staub trübt seine

ewig neue Fläche; ein Spiegel, in dem alles Unreine, das mit ihm in Berührung kommt, niedersinkt, von dem die Sonne mit ihrem Duft, diesem lichten Staubtuch, den Staub wegwischt, der keinen Hauch, welcher hingeatmet wird, zurückhält, aber den eigenen emporsendet, damit er wolkenhoch über ihm dahinschwebe und dennoch sich in seinem Schoße widerspiegle.

Henry D. Thoreau, *Walden*

Übung: Benutzen Sie das Bild des Sees, um das Sitzen oder Liegen in Stille zu unterstützen, einen Zustand, in dem Sie sich nirgendwohin fortbewegen, gehalten im Gewahrsein. Achten Sie darauf, wann der Geist spiegelt und wann er aufgewühlt ist. Achten Sie auf die Ruhe unter der Oberfläche. Eröffnet dieses Bild Ihnen neue Möglichkeiten, bewegte Zeiten zu bestehen?

Meditation im Gehen

Frieden ist jeder Schritt.

Thich Nhat Hanh

Manche Menschen empfinden es als schwierig, sitzend zu meditieren, sind jedoch in der Lage, sich im Gehen sehr tief in die Meditationsübung zu versenken. Oft ist es unmöglich, bei starkem Schmerz, innerer Erregung und Wut auf achtsame Weise zu sitzen. Gehen erleichtert dann die Meditation.

In buddhistischen Klöstern wechseln Zeiten der Meditation im Sitzen mit solchen der Gehmeditation ab. Beide Arten der Übung sind letztlich ein und dasselbe. Wichtig ist, wie Sie dabei mit Ihrem Geist umgehen.

Bei der formellen Gehmeditation ist die Aufmerksamkeit auf das Gehen selbst gerichtet. Sie können sich auf das Aufsetzen des Fußes als Ganzes konzentrieren oder auf einzelne Segmente der Bewegung, wie beispielsweise auf die Folge von Bewegung, Gewichtsverlagerung, Aufsetzen des Fußes und erneuter Bewegung oder auf die Bewegung des gesamten Körpers. Sie können das Gewahrsein des Gehens mit dem Gewahrsein des Atmens verbinden.

Bei der Gehmeditation geht es nicht darum, irgendwo hinzugelangen. Gewöhnlich geht man in einer geraden Linie vor und zurück, oder man geht im Kreis. Wenn die Notwendigkeit, an einen bestimmten Ort zu gelangen, entfällt, wird es leichter, dort zu sein, wo man ist. Was für einen Sinn hat es, irgendwo anders sein zu wollen, wenn es überall gleich ist?

Gehmeditation kann man in jedem beliebigen Tempo üben, in Zeitlupe ebenso wie in ziemlich flottem Gang. Wie genau Sie auf die Bewegung des Fußes achten können, hängt von der Geschwindigkeit ab, in der Sie die Übung ausführen, die darin besteht, jeden Schritt so zu nehmen, wie er kommt, und dabei völlig präsent zu sein. Das bedeutet, daß Sie die Empfindungen des Gehens spüren müssen – in ihren Füßen, in Ihren Beinen, in Ihrer Haltung, in Ihrer Art zu gehen, Augenblick für Augenblick, Schritt für Schritt. Sie könnten sagen, daß Sie «darauf achten, wo Sie hintreten», obwohl es sich eher um ein inneres Beobachten handelt, denn Sie schauen dabei nicht auf Ihre Füße.

Ebenso wie bei der Sitzmeditation tauchen auch beim Gehen immer wieder Impressionen auf, die die Aufmerksamkeit von der bloßen Empfindung des Gehens ablenken. Wir arbeiten mit diesen Wahrnehmungen, Gedanken, Gefühlen und Impulsen, Erinnerungen und Vorwegnahmen, auf die gleiche Weise, wie wir es bei der Meditation im Sitzen tun. Letztlich ist Gehen Stille in Bewegung, fließende Achtsamkeit.

Am besten üben Sie die Gehmeditation an einem Ort, wo Sie nicht die Aufmerksamkeit anderer Menschen auf sich ziehen, vor allem dann, wenn Sie sie sehr langsam ausführen wollen. Besonders geeignet sind Wohnzimmer, Feldwege oder Waldlichtungen und einsame Buchten am Meer.

Informell können Sie Gehmeditation im Grunde überall üben. Bei der informellen Gehmeditation braucht man nicht hin und her oder im Kreis zu gehen, sondern man kann ganz normal gehen. Sie können achtsam auf einem Bürgersteig gehen oder bei Ihrer Arbeit in einem Bürogebäude einen Gang durchqueren. Sie können während einer Wanderung Gehmeditation üben oder während Sie mit dem Hund oder mit den Kindern spazierengehen. Sie brauchen sich lediglich daran zu erinnern, daß Sie in Ihrem Körper gegenwärtig sind. Sie konzentrieren sich ganz einfach darauf, in diesem Augenblick zu sein, jeden Schritt so zu gehen, wie er kommt, jeden Augenblick so zu akzeptieren, wie er ist. Wenn Sie merken, daß Sie hastig oder ungeduldig werden, kann eine Verlangsamung des Gehtempos Ihrem Hasten die Schärfe nehmen und Sie daran erinnern, daß Sie hier und jetzt sind und daß Sie dann am Ziel sein werden, wenn Sie dort ankommen, wann immer das sein wird. Wenn Sie sich das Hier entgehen lassen, werden Sie wahrscheinlich auch das Dort verpassen. Wenn Ihr Geist *hier* nicht zentriert ist, wird er wahrscheinlich auch nicht dadurch zentriert werden, daß Sie irgendwo anders ankommen.

Übung: Bringen Sie Gewahrsein in Ihr Gehen, wo auch immer Sie sich befinden. Verlangsamen Sie es ein wenig. Zentrieren Sie sich in Ihrem Körper und im Hier und Jetzt. Seien Sie sich dessen bewußt, wie wunderbar es ist, gehen zu können, und betrachten Sie es einen Augenblick lang nicht als Selbstverständlichkeit, daß Ihr Körper so wundervoll seine Arbeit verrichtet. Vergegenwärtigen Sie sich, daß Sie aufrecht auf dem Angesicht von Mutter Erde wandeln. Gehen Sie mit Würde und Vertrauen, und wie es in einem Gesang der Navaho heißt: Gehe mit Anmut, wo immer du bist.

Üben Sie auch formelle Gehmeditation. Bevor oder nachdem Sie im Sitzen meditiert haben, können Sie eine Zeitlang im Gehen meditieren. Halten Sie zwischen dem Sitzen und dem Gehen eine Kontinuität der Achtsamkeit aufrecht. Denken Sie auch hier wieder daran, daß es letztlich nicht um chronometrische Zeit geht.

Meditation im Stehen

Im Stehen zu meditieren lernt man am besten von Bäumen. Stellen Sie sich nahe an einen Baum oder, noch besser, in eine Baumgruppe oder einen Wald, und schauen Sie in irgendeine Richtung. Fühlen Sie, wie Ihre

Füße im Boden Wurzeln schlagen. Spüren Sie, wie Ihr Körper sanft hin und her schwingt, so wie Bäume in einer Brise. Bleiben Sie so stehen, Ihrer Atmung gewahr, und nehmen Sie in sich auf, was sich vor Ihnen befindet. Oder halten Sie die Augen geschlossen, und spüren Sie, was Sie umgibt. Gewahren Sie den Baum, der Ihnen am nächsten steht. Hören Sie ihm zu, spüren Sie seine Gegenwart, berühren Sie ihn mit Ihrem Geist und Ihrem Körper.

Nehmen Sie Ihren Atem zur Hilfe, um im Augenblick zu verweilen, und spüren Sie Ihren eigenen Körper, wie er steht und atmet. Spüren Sie sein Sein, Augenblick für Augenblick.

Wenn der Geist oder der Körper erstmals signalisiert, daß es an der Zeit ist, sich wieder einer Tätigkeit zuzuwenden, dann verweilen Sie noch ein wenig und vergegenwärtigen sich, daß Bäume jahrelang stillstehen, ein ganzes Baumleben lang. Finden Sie heraus, ob Sie von den Bäumen nicht etwas über Stille lernen können und darüber, Fühlung zu haben. Schließlich berühren sie mit ihren Wurzeln und mit ihrem Stamm den Boden, die Luft mit Stamm und Ästen, und das Sonnenlicht und den Wind mit ihren Blättern. Alles, was einen stehenden Baum ausmacht, beinhaltet In-Kontakt-Sein. Experimentieren Sie damit, selbst so zu stehen, auch wenn es nur für kurze Zeit ist. Versuchen Sie, mit der Luft auf Ihrer Haut Fühlung aufzunehmen, mit der Bodenberührung Ihrer Füße, mit den Klängen und Geräuschen der Welt, mit dem Tanz von Licht, Farbe und Schatten, mit dem Tanz des Geistes.

Übung: Versuchen Sie, einem Baum gleich zu stehen, wo immer Sie sich befinden, im Wald, in den Bergen, an einem Fluß, in Ihrem Wohnzimmer oder an einer Bushaltestelle. Wenn niemand anders zugegen ist, können Sie versuchen, die Handflächen dem Himmel zuzuwenden und die Arme in verschiedenen Haltungen auszustrecken, wie Äste und Blätter, zugänglich, offen, empfänglich, geduldig.

Meditation im Liegen

Im Liegen zu meditieren ist eine wunderbare Möglichkeit, wenn Sie es schaffen, dabei nicht einzuschlafen. Und falls Sie doch einschlafen, werden Sie vielleicht erholsamer schlafen, wenn Sie aus der Meditation in den Schlaf hinübergleiten. Auf die gleiche Weise können Sie auch aus dem Schlaf erwachen, wenn Sie jene ersten Augenblicke des zurückkehrenden Wachzustandes mit völligem Gewahrsein erleben.

Wenn Ihr Körper liegt, ist es für Sie wesentlich leichter als in irgendeiner anderen Haltung, ihn völlig zu entspannen und loszulassen. Ihr Körper kann in das Bett, auf eine Matte, auf den Boden oder auf die Erde sinken, bis Ihre Muskeln nicht mehr die geringste Mühe dafür aufzuwenden haben, Sie in einer bestimmten Position zu halten. Der Geist schließt sich dieser Tendenz zum Loslassen rasch an, wenn Sie ihm gestatten, offen und wachsam zu bleiben.

Bei der Meditation im Liegen den Körper als Ganzen zum Objekt der Aufmerksamkeit zu machen, ist sehr hilfreich. Spüren Sie vom Kopf bis zu den Zehen, wie er atmet und über die gesamte Haut Wärme ausstrahlt. Der ganze Körper atmet, ist lebendig. Indem Sie ihm als Ganzem Achtsamkeit entgegenbringen, können Sie ihn wieder zum Ort Ihres Seins und Ihrer Vitalität machen und sich daran erinnern, daß *Sie,* wer auch immer Sie sein mögen, nicht nur ein Bewohner Ihres Kopfes sind.

Sie können sich bei der Meditation im Liegen auch – entweder auf eine frei fließende oder auf eine eher systematische Weise – auf verschiedene Körperbereiche konzentrieren. Wir machen die Patienten unserer Klinik mit der Meditation im Liegen bekannt, indem wir mit ihnen einen *Body-Scan* durchführen, der fünfundvierzig Minuten dauert. Nicht jeder kann gleich von Anfang an drei Viertelstunden lang Sitzmeditation üben, aber jeder kann so lange einen Body-Scan durchführen. Dazu brauchen Sie nichts weiter zu tun, als sich hinzulegen, die verschiedenen Bereiche Ihres Körpers zu spüren und sie loszulassen. Beim Body-Scan richten wir unser Gewahrsein in einer bestimmten Reihenfolge auf alle Bereiche unseres Körpers. Es gibt keine eindeutig festgelegte Folge, in der dies geschehen muß. Man kann sich zum Beispiel vom Kopf zu den Füßen oder von den Füßen zum Kopf oder von Körperseite zu Körperseite vorarbeiten.

Eine Art des Body-Scan besteht darin, in verschiedene Körperbereiche hinein- und wieder herauszuatmen, als könnten Sie direkt in Ihre Zehen und Knie oder in Ihr Ohr hineinatmen und aus anderen Körperteilen ausatmen. Wenn Sie sich bereit fühlen, lassen Sie beim Ausatmen einfach den betreffenden Bereich los, Sie erlauben ihm (oder laden ihn dazu ein), sich vor Ihrem inneren Auge (in Ihrer Vorstellung) zu lockern, wobei die Muskeln sich entspannen und Sie in die Stille und in das offene Gewahrsein fallen, bevor Sie sich dem nächsten Körperbereich zuwenden, den Sie mit dem nächsten Einatmen erreichen. Atmen Sie dabei möglichst durch die Nase.

Sie brauchen jedoch nicht immer so systematisch vorzugehen wie beim Body-Scan. Sie können sich auch auf bestimmte Bereiche Ihres Körpers konzentrieren oder auf diejenigen, die Ihr Gewahrsein beherrschen, beispielsweise weil sie schmerzen oder weil ein bestimmter Bereich Ihres Körpers erkrankt ist. Wenn Sie sich offen, aufmerksam und akzeptierend in diese Bereiche einfühlen, so kann dies sehr heilend wirken, besonders, wenn Sie regelmäßig auf diese Weise üben. Dabei entsteht ein Gefühl, als ob Zellen und Gewebe, Seele, Körper und Geist genährt werden.

Im Liegen zu meditieren ist auch eine gute Möglichkeit, mit dem emotionalen Körper in Kontakt zu treten. Wenn wir uns beispielsweise auf den Bereich des Herzens konzentrieren, kann es hilfreich sein, auf Beengungsgefühle in der Brust zu lauschen, auf Gefühle der Angespanntheit oder Schwere, und sich solcher Emotionen wie Kummer, Traurigkeit, Einsamkeit, Verzweiflung, Wertlosigkeit und Wut bewußt zu werden, die sich manchmal unmittelbar unter der Oberfläche solcher körperlicher Empfindungen verbergen. Wir sprechen vom gebrochenen Herzen, davon, daß ein Mensch hartherzig oder herzlos ist, denn das Herz wird in unserer Kultur als Zentrum unseres Gefühlslebens angesehen. Das Herz ist auch der Sitz der Liebe, der Freude und des Mitgefühls; diese Emotionen verdienen ebenso Aufmerksamkeit und Anerkennung wie die negativen.

Es gibt einige spezielle Meditationstechniken wie

beispielsweise die Meditation zur Entwicklung von Herzensgüte, die speziell darauf zielen, bestimmte Gefühlszustände zu entwickeln. Akzeptieren, Vergeben, Herzensgüte, Großzügigkeit und Vertrauen werden gestärkt, indem man sich auf die Herzregion zentriert, die Aufmerksamkeit auf diesen Bereich gerichtet hält und die genannten Gefühle im Rahmen der formellen Meditationspraxis weckt. Doch werden diese Gefühle auch gestärkt, indem Sie sie ganz einfach zur Kenntnis nehmen, wenn sie spontan in Ihrer Meditationsübung auftauchen, und indem Sie ihnen mit Gewahrsein begegnen.

Auch anderen emotional relevanten Körperbereichen kann man sich in der Meditation (im Liegen oder in anderen Haltungen) mit dieser Art von Gewahrsein zuwenden. Der Solarplexus hat eine sonnenähnliche, strahlende Qualität; er kann uns helfen, zu Gefühlen der Zentriertheit in Kontakt zu treten, weil er im Schwerkraftzentrum des Körpers liegt, sowie zu Gefühlen der Vitalität. Die Kehle gibt unseren Emotionen stimmlichen Ausdruck und kann entweder zusammengeschnürt oder offen sein. Gefühle bleiben manchmal «im Halse stecken», selbst wenn das Herz offen ist. Wenn wir im Bereich der Kehle Achtsamkeit entwickeln, so kann uns dies in Fühlung bringen mit unserem Sprechen und mit seiner stimmlichen Beschaffenheit – aufbrausend, hastig, hart, laut, mechanisch oder das Gegenteil von alldem – sowie mit dem Inhalt unserer Aussagen.

Jeder Bereich des physischen Körpers hat sein Gegenstück in einem emotionalen Körper, der sich oft völlig unserem Gewahrsein entzieht. Um weiter zu wachsen, müssen wir unseren emotionalen Körper ständig neu aktivieren, ihm zuhören und von ihm lernen. Dabei kann die Meditation im Liegen sehr helfen, sofern Sie bereit sind, die Konsequenzen zu tragen, die Ihre Einsichten nach sich ziehen können. In früheren Zeiten halfen Mythen und Riten, den emotionalen Körper zu aktivieren und seine Vitalität und Unbeständigkeit zu ehren. Gewöhnlich geschah dies in Form von Initiationsriten, in denen Heranwachsende von den Älteren des gleichen Geschlechts darin unterwiesen wurden, was es innerhalb des betreffenden Stammes oder der Kultur bedeutete, erwachsen zu sein. Wie wichtig es ist, den emotionalen Körper zu entwickeln, ist heute beinahe vergessen. Es bleibt uns allen weitgehend selbst überlassen, uns zu völlig reifen Erwachsenen zu entwickeln. Da die «Älteren» in unserer westlichen Kultur gewöhnlich selbst nicht in ausreichendem Maße geführt worden sind, sind sie meist so weit von ihrem Ursprung entfernt, daß ihnen das kollektive Wissen darüber, wie sich die erwachende emotionale Vitalität und Authentizität von Jugendlichen und Kindern leiten läßt, nicht mehr zur Verfügung steht. Die Entwicklung der Achtsamkeit könnte zu einem Wiedererwachen dieser alten Weisheit in uns selbst und in anderen beitragen.

Da wir einen großen Teil unseres Lebens im Liegen verbringen, stellt die Meditation im Liegen für uns eine leicht nutzbare Gelegenheit dar, in eine andere Dimension des Bewußtseins einzutreten. Vor dem Einschlafen, beim Aufwachen am Morgen oder während Sie sich ausruhen oder faulenzen, kann das Liegen selbst Sie dazu einladen, Achtsamkeit zu üben, Atem und Körper Augenblick für Augenblick zusammenzubringen, den Körper mit Gewahrsein und einer akzeptierenden Haltung zu füllen, zuzuhören, zu lauschen, zu wachsen, loszulassen, sein zu lassen...

Übung: Treten Sie mit Ihrem Atem in Verbindung, wenn Sie sich in der liegenden Position befinden. Spüren Sie, wie der Atem sich durch Ihren ganzen Körper bewegt. Verweilen Sie mit dem Atem in verschiedenen Bereichen Ihres Körpers, beispielsweise in den Füßen, in den Beinen, im Becken und in den Genitalien, im Bauch, in der Brust, im Rücken, in den Schultern, in den Armen, in der Kehle und im Hals, im Kopf, im Gesicht, auf dem Schädel. Hören Sie aufmerksam zu. Gestatten Sie sich zu fühlen, was auch immer gegenwärtig sein mag. Beobachten Sie, wie die körperlichen Empfindungen dahinfließen und sich verändern.

Versuchen Sie, sich auch im Laufe des Tages hinzulegen, um im Liegen zu meditieren. Üben Sie diese Art der Meditation also nicht nur abends vor dem Einschlafen. Versuchen Sie es auf dem Bett, auf dem Boden und zu verschiedenen Tageszeiten. Probieren Sie es auch im Freien aus, auf Feldern und Wiesen, unter Bäumen, im Regen und im Schnee.

Richten Sie Ihre Aufmerksamkeit insbesondere darauf, was in Ihrem Körper vorgeht, wenn Sie einschlafen und wenn Sie aufwachen. Widmen Sie allen Körperbereichen, mit denen Sie besondere Schwierigkeiten haben, spezielle Aufmerksamkeit, und lassen Sie zu, daß Ihr Atem diese Bereiche dazu einlädt, wieder ein Gefühl der Zugehörigkeit und Ganzheit in Beziehung zum übrigen Körper herzustellen. Bleiben Sie sich Ihres emotionalen Körpers bewußt. Würdigen Sie Ihre «Bauch»-Gefühle.

Auf dem Boden liegen

Wenn Sie Ihren Körper auf dem Boden ausstrecken, tritt ein Gefühl auf, als würde die Zeit stillstehen. Dies gilt ebenso für die Meditation im Liegen in Form des Body-Scan als auch für die systematische Arbeit der achtsamen Hatha-Yoga-Praxis. Sich in einem Raum auf den Boden zu legen macht den Geist klar. Vielleicht ist das so, weil das Liegen auf dem Boden uns so fremd ist, daß es unser habituelles neurologisches Muster außer Kraft setzt und uns dazu einlädt, durch eine plötzliche Öffnung dessen, was man als Körper-Tür bezeichnen könnte, in den Augenblick einzutreten.

Bei der Hatha-Yoga-Praxis geht es darum, daß wir so vollständig wie möglich in unserem Körper sind, während wir das Gewahrsein in die unterschiedlichen Empfindungen, Gedanken und Gefühle lenken, die auftreten, wenn wir den Körper bewegen, uns strecken, atmen, bestimmte Körperpositionen einnehmen, die Arme, die Beine und den Rumpf strecken oder heben. Es soll angeblich über 80 000 grundlegende Yoga-Positionen geben. Ich habe allerdings festgestellt, daß ich immer wieder auf ungefähr zwanzig zentrale Übungen zurückkomme, die mich im Laufe der Jahre immer enger mit meinem Körper in Kontakt gebracht und in einen Zustand der Stille versetzt haben.

Yoga verknüpft Bewegung und Stille. Es ist eine wundervoll nährende Praxis. Wie bei anderen Formen der Achtsamkeitsübung geht es auch hier nicht darum, ein Ziel zu erreichen, sondern darum, in diesem Augenblick willentlich bis an die Grenzen des eigenen Körpers zu gehen. Sie erforschen ein Gebiet, in dem mit dem Strecken oder Heben oder Gleichgewichthalten in ungewöhnlichen räumlichen Anordnungen von Gliedmaßen, Kopf und Rumpf starke Empfindungen auftreten können. Gewöhnlich müssen Sie länger in bestimmten Positionen verharren, als ein Teil Ihres Geistes möchte, wobei Sie lediglich atmen und Ihren Körper spüren. Es geht nicht darum, den «Durchbruch» zu irgendeinem Ergebnis zu schaffen. Sie konkurrieren nicht mit dem Körper irgendeines anderen Menschen, und das Ziel ist nicht einmal, die Kondition Ihres eigenen Körpers zu verbessern. Sie beurteilen nicht, wie Ihr Körper die ihm gestellte Aufgabe erfüllt. Sie verweilen einfach in Stille, innerhalb des vollständigen Spektrums Ihres Erlebens, während Sie die Blüte des Augenblicks in Ihrem Körper auskosten.

Jeder ernsthaft Übende wird merken, daß es dem Körper guttut, regelmäßig solche Übungen auszuführen, und daß er sich dadurch verändert. Häufig ist mit dieser Art des Übens ein Gefühl des Unterwegsseins verbunden, und gleichzeitig ist da auch ein «So wie es jetzt ist»-Gefühl, während der Körper immer tiefer in eine Dehnung oder in ein Loslassen hineinsinkt, wenn er zwischen anstrengenderen Übungspositionen auf dem Boden liegt.

Ohne irgend etwas zu erzwingen, tun wir unser Bestes, um uns mit Körper und Geist, Boden und Welt in Einklang zu bringen und in Fühlung zu bleiben.

Übung: Legen Sie sich einmal am Tag auf den Boden, und strecken Sie Ihren Körper auf achtsame Weise, auch wenn Sie nur drei oder vier Minuten Zeit dafür haben. Bleiben Sie Ihres Atems gewahr und dessen, was Ihr

Körper Ihnen sagt. Vergegenwärtigen Sie sich, daß *dies* heute Ihr Körper ist. Prüfen Sie, ob Sie mit ihm in Kontakt sind.

Nicht-Üben ist auch Üben

Ich weise gern darauf hin, daß es das gleiche ist, ob man Yoga übt oder nicht übt. Das heißt jedoch nicht, daß es gleichgültig ist, ob man übt oder nicht übt. Was ich meine, ist, daß man jedesmal, wenn man sich nach einer Pause erneut der Yoga-Übung zuwendet, die Auswirkungen des zeitweiligen Nicht-Übens spürt. Deshalb kann man in einem gewissen Sinne mehr über Yoga lernen, indem man nach einer Pause wieder zu üben beginnt, als wenn man ohne Unterbrechung weiterübt.

Natürlich trifft das nur zu, wenn Sie auf Dinge achten wie beispielsweise, wie ruhig Ihr Körper sich anfühlt, wie schwer es Ihnen fällt, in einer bestimmten Position zu verweilen, wie ungeduldig Ihr Geist wird, wie es ihm widerstrebt, beim Atem zu bleiben. Es ist äußerst schwierig, alle diese Dinge nicht zu bemerken, wenn Sie auf dem Boden liegen, Ihre Knie festhalten und den Kopf in Richtung Knie ziehen. Wesentlich schwieriger ist es, sich dessen bewußt zu bleiben, wenn es nicht um Yoga, sondern um das normale Leben geht. Doch im Yoga wie im Leben gilt das Prinzip der Achtsamkeit. Durch unermüdliches Zurückkehren zur Achtsamkeit nach Perioden des Nicht-Übens, des Vergessens, der Nachlässigkeit entwickelt sich die Fähigkeit zu sehen.

Übung: Achten Sie darauf, ob Sie in Zeiten, in denen Sie sich täglich der Yoga- und Meditationsübung widmen, anders mit Streß umzugehen vermögen als in den Zeiten, in denen Sie sich nicht regelmäßig der Übung widmen. Versuchen Sie sich der Konsequenzen Ihrer unachtsamen und automatischen Verhaltensweisen bewußter zu werden, besonders wenn diese durch berufliche oder private Zwänge verursacht werden. Wie fühlen Sie sich in Ihrem Körper in Zeiten, in denen Sie sich der Übung widmen, und in solchen, in denen Sie dies nicht tun? Wie wirkt sich das auf Ihre Entschlossenheit aus, das Nicht-Tun im Geist gegenwärtig zu halten? Wie wirkt es sich auf Ihre Angst aus, zu wenig Zeit zu haben und bestimmte Ergebnisse nicht erreichen zu können, wenn Sie nicht regelmäßig üben? Wie beeinflußt es Ihre Beziehungen? Woher stammen Ihre unachtsamsten Verhaltensmuster? Wodurch werden sie aktiviert? Sind Sie bereit, sie im Gewahrsein zu behalten? Ist Ihnen klar, daß es eine mühselige Art zu üben ist, wenn Sie nicht üben?

Meditation zur Entwicklung von Herzensgüte

Niemand ist eine Insel, ganz für sich allein;
Jeder Mensch ist ein Teil des Kontinents, ein Teil des Ganzen;
Wenn ein Klumpen Land vom Meer weggewaschen wird,

Ist Europa kleiner geworden, ebenso wie es ein Kap wäre;
Ebenso wie es ein Haus deiner Freunde oder dein eigenes wäre;
Jedes Menschen Tod verringert mich, weil ich mit der Menschheit verbunden bin;
Deshalb frage nie, für wen die Glocke läutet;
Sie läutet für dich.

John Donne, *Meditation XVII*

Wir haben teil an den Kümmernissen anderer Menschen, weil wir alle miteinander verbunden sind. Da wir sowohl als einzelne ein Ganzes als auch gleichzeitig Bestandteile eines größeren Ganzen sind, können wir die Welt verändern, indem wir uns selbst verändern. Wenn wir in diesem Augenblick zu einem Zentrum der Liebe und Güte werden, dann erwirbt die Welt dadurch – wenn auch vielleicht nur in kleinem, aber sicherlich nicht in unbedeutendem Maße – einen Kern der Liebe und Güte, den sie im vorangegangenen Augenblick nicht hatte. Das kommt sowohl mir selbst als auch anderen zugute.

Vielleicht sind Sie sich darüber im klaren, daß Sie nicht immer ein Zentrum der Liebe und Güte sind, nicht einmal sich selbst gegenüber. Tatsächlich könnte man sagen, daß sich in unserer Gesellschaft geringe Selbstachtung in epidemischem Ausmaß ausbreitet. Als ein westlicher Psychologe während eines Treffens mit dem Dalai-Lama im Jahre 1990 vom Phänomen der geringen Selbstachtung sprach, verstand dieser zunächst nicht, was gemeint war. Der Ausdruck mußte mehrmals für ihn ins Tibetische übersetzt werden, obgleich er ziemlich gut Englisch spricht. Er erfaßte nicht, was der

Begriff der geringen Selbstachtung beinhaltet. Und als er schließlich verstand, was damit gemeint war, war er sichtlich betrübt darüber, daß so viele Menschen im Westen von tiefen Gefühlen des Selbsthasses und der Unzulänglichkeit geplagt werden.

Solche Gefühle sind den Tibetern fast unbekannt. Sie leiden unter der Unterdrückung durch die Chinesen, unter dem Flüchtlingsdasein, aber geringe Selbstachtung zählt nicht zu ihren Problemen. Vielleicht sind wir im Westen hinsichtlich äußerer Dinge übermäßig entwickelt und innerlich unterentwickelt. Vielleicht sind gerade wir es, die trotz all unseres Wohlstands in Armut leben.

Sie können etwas gegen diese Art von Armut tun, indem Sie die Meditation der Herzensgüte üben. Auch hierbei beginnen Sie bei sich selbst. Können Sie sich vorstellen, eine Empfindung der Güte, des Akzeptierens und der liebevollen Zuwendung in Ihrem Herzen entstehen zu lassen? Sie müssen dies immer wieder tun, genauso wie Sie bei der Sitzmeditation Ihren Geist immer wieder auf den Atem zurücklenken. Ihr Geist wird es Ihnen bei diesem Bemühen nicht leichtmachen, weil die Wunden, die wir alle mit uns herumtragen, sehr tief sind. Aber als Experiment können Sie versuchen, während Ihrer Übung eine Zeitlang in einer Haltung des Gewahrseins und des Akzeptierens zu verweilen, so wie eine Mutter ein verletztes oder verängstigtes Kind halten würde, mit vollkommen offener und bedingungsloser Liebe. Sind Sie in der Lage, sich selbst zu vergeben und vielleicht auch anderen? Oder können Sie sich vielleicht sogar dazu einladen, in diesem Augenblick glücklich zu sein? Ist die Voraussetzung für Glück in diesem Augenblick für Sie überhaupt vorhanden?

Beginnen Sie damit, sich in Ihrer Haltung und in Ihrer Atmung zu zentrieren. Lassen Sie anschließend von Ihrem Herzen oder von Ihrem Bauch her Gefühle oder Bilder der Güte und Liebe ausstrahlen, bis diese Ihr ganzes Sein erfüllen. Lassen Sie sich von Ihrem eigenen Gewahrsein wiegen wie ein Kind, das es wie alle Kinder verdient, daß man ihm mit Herzensgüte begegnet. Lassen Sie Ihr Gewahrsein dabei sowohl wohlwollende mütterliche als auch väterliche Energie verkörpern, was es Ihnen ermöglicht, in diesem Augenblick Ihr Sein anzuerkennen und zu ehren und sich selbst mit einer Güte anzunehmen, die Sie als Kind vielleicht nicht in ausreichendem Maße empfangen haben. Sonnen Sie sich in dieser Energie der Herzensgüte, atmen Sie sie ein, und atmen Sie sie aus, als wäre dies eine Art Lebensader, von der Sie lange abgeschnitten waren und die Ihnen nun endlich die Nahrung bringt, nach der Sie gehungert haben.

Manche Menschen empfinden es als hilfreich, von Zeit zu Zeit zu sich selbst Sätze zu sagen wie: «Möge ich frei von Unwissenheit sein. Möge ich frei von Gier und Haß sein. Möge ich nicht leiden. Möge ich glücklich sein.» Diese Sätze dienen lediglich dazu, das Gefühl der Herzensgüte zu erzeugen. Sie beinhalten, daß man sich selbst das Beste wünscht – die bewußte Absicht, zumindest in diesem Augenblick von den Problemen frei zu sein, in die wir uns infolge unserer eigenen Angst und Achtlosigkeit so häufig verstricken.

Sobald Sie auf diese Weise zu einem Zentrum der Liebe und Güte geworden sind, das Ihr gesamtes Sein durchstrahlt, so daß Sie von Herzensgüte durchdrungen und von einer akzeptierenden Haltung bestimmt sind, können Sie beliebig lange in diesem Zustand verweilen, von dieser Quelle trinken, darin baden und sich so selbst erneuern, nähren und vitalisieren. Dies kann sowohl auf den Körper als auch auf die Seele eine sehr tiefe heilende Wirkung haben.

Nachdem Sie in sich selbst ein strahlendes Zentrum geschaffen haben, können Sie die Herzensgüte nach außen strahlen lassen. Vielleicht werden Sie sie als erstes auf die Mitglieder Ihrer eigenen Familie richten. Wenn Sie Kinder haben, so wünschen Sie ihnen, daß sie ihren eigenen wahren Weg in der Welt finden mögen, daß sie im Leben Liebe erfahren und akzeptiert werden mögen. Anschließend können Sie auch Ihren Partner einbeziehen, Ihren Ehegefährten, Ihre Geschwister, Eltern...

Sie können die Herzensgüte zu Ihren Eltern lenken. Wünschen Sie ihnen das Beste, wünschen Sie, daß sie sich nicht isoliert fühlen und keine Schmerzen erleiden mögen. Wenn Sie sich dazu in der Lage fühlen und wenn Sie es als gesund und befreiend empfinden, dann suchen Sie in Ihrem eigenen Herzen einen Ort, wo Sie ihnen für ihre Unzulänglichkeiten vergeben können, für ihre Ängstlichkeit und für das, was sie falsch gemacht haben, sowie für das Leid, das sie möglicherweise verursacht haben. Das können Sie sogar, wenn Ihre Eltern nicht mehr leben.

Es besteht keine Notwendigkeit, es bei diesen Menschen, die Ihnen besonders nahestehen, zu belassen. Sie können allen Menschen Herzensgüte senden, Menschen, die Sie kennen, und Menschen, die Sie nicht kennen. Vielleicht wird es jenen Menschen tatsächlich zugute kommen, doch mit Sicherheit wird es Ihnen selbst zugute kommen, weil es Ihr emotionales Sein differenziert und erweitert. Zu dieser Erweiterung kommt es, wenn Sie Menschen Herzensgüte übermitteln, mit denen Sie große Schwierigkeiten haben, Menschen, die Sie nicht mögen oder von denen Sie sich abgestoßen fühlen, Menschen, die Sie bedrohen oder die Sie verletzt haben. Sie können auch allen Unterdrückten, allen, die leiden oder deren Leben Krieg, Gewalt oder Haß ausgesetzt ist, Herzensgüte übermitteln. Sie können die Ausstrahlung von Herzensgüte auf den gesamten Planeten Erde ausdehnen, auf seine Pracht und sein Leiden, auf die Natur, die Bäche und Flüsse, die Luft, die Meere, die Wälder, auf Pflanzen und Tiere.

Die Entwicklung von Herzensgüte ist eine nie endende, ständig umfassender werdende Erkenntnis der Verbundenheit aller Wesen und Dinge und gleichzeitig die Manifestation dieser Verbundenheit. Liebe und Güte sind zu jeder Zeit da, irgendwo, im Grunde überall. Gewöhnlich liegt unsere Fähigkeit, damit Fühlung aufzunehmen und uns davon anrühren zu lassen, unter unseren Ängsten und Verletzungen begraben, unter unserer Gier und unserem Haß, unter unserem verzweifelten Festhalten an der Illusion, daß jeder allein und für sich ist.

Indem wir diese Gefühle in unserer Übung zum Vorschein bringen, dehnen wir unser Sein aus, so daß wir mit unserer eigenen Unwissenheit in Berührung kommen, so wie wir uns im Yoga dem Widerstand der Muskeln, Bänder und Sehnen widersetzen und in dieser und in allen anderen Formen der Meditation versuchen, die Grenzen und die Unwissenheit unseres eigenen Geistes und unseres Herzens in Frage zu stellen und zu überwinden. Durch die Dehnung – so schmerzhaft sie manchmal auch sein mag –, erweitern wir uns, wachsen wir, verändern wir uns und verändern wir die Welt.

Meine Religion ist Güte.

Der Dalai-Lama

Übung: Versuchen Sie an irgendeinem Punkt in Ihrer Meditationspraxis Gefühle der Herzensgüte zu entwikkeln. Falls Sie Einwände gegen diese Art der Übung haben, so versuchen Sie herauszufinden, warum das so ist, und ebenso, welche Gründe Sie dafür haben, lieblos und unempfänglich zu sein. Betrachten Sie es als Gedankenexperiment. Erlauben Sie sich, in der Wärme und im Akzeptieren der Herzensgüte zu baden, als wären Sie ein Kind, das von einer liebevollen Mutter oder von einem liebevollen Vater im Arm gehalten wird. Später können Sie versuchen, dieses Gefühl anderen Menschen und hinaus in die Welt zu übermitteln. Für diese Praxis gibt es keine Grenzen, sondern sie wird ebenso wie jede andere Art der Übung durch ständiges Praktizieren tiefer und wächst wie Pflanzen in einem liebevoll gepflegten Garten. Beachten Sie, daß irgend jemandem im Alltag zu helfen etwas anderes ist als ihn im Augenblick in gütigem Gewahrsein zu halten. Wenn Sie im Laufe der Zeit feststellen, daß diese Übung Sie dazu bringt, sich in der Welt anders zu verhalten als bisher, dann lassen Sie auch in diesen veränderten Verhaltensweisen Herzensgüte und Achtsamkeit zum Ausdruck kommen.

III

Achtsamkeit im Alltag

Wir alle sind Schüler des gleichen Lehrers, mit dem sich die religiösen Institutionen ursprünglich beschäftigten: der Wirklichkeit. Wirklichkeitseinsicht sagt: Meistere die vierundzwanzig Stunden des Tages. Mache es gut, ohne in Selbstmitleid zu verfallen. Es ist ebensoschwer, die Kinder zum Bus zu bringen wie an einem kalten Morgen in der Buddha-Halle Sutras zu singen. Das eine ist nicht besser als das andere, und beides kann ziemlich langweilig sein, und doch ist beidem auch die Tugend der Wiederholung gemeinsam. Wiederholung und Ritual samt dem Guten, das sie bewirken, manifestieren sich in vielen Formen. Den Ölfilter wechseln, zu Versammlungen gehen, das Haus aufräumen, Geschirr abwaschen, den Ölstand prüfen – macht nicht den Fehler zu glauben, dies alles würde euch von wichtigeren Dingen abhalten. Es wäre falsch, wenn wir solche Alltagspflichten als lästige Unannehmlichkeiten ansehen und versuchen würden, ihnen möglichst rasch zu entkommen, um uns unserer «Praxis» zuzuwenden, die uns auf einen «Pfad» bringen wird – dies ist *unser Pfad.*

Gary Snyder, *The Practice of the Wild*

Am Feuer sitzen

Wenn in alten Zeiten die Sonne untergegangen war, hatten die Menschen als Lichtquelle außer dem sich ständig verändernden Mond und den Sternen am Himmel nur das Feuer. Zehntausende von Jahren saßen wir Menschen um ein Feuer, starrten in die Flammen und die Glut, während unser Rücken Kälte und Dunkelheit ausgesetzt war.

Feuer war für uns Menschen eine Annehmlichkeit, eine Quelle der Wärme, des Lichts und des Schutzes – gefährlich, aber, sofern man vorsichtig damit umging, auch kontrollierbar. Am Feuer sitzend entspannten wir uns am Ende des Tages. In seinem warmen, flackernden Licht erzählten wir Geschichten, redeten über den vergangenen Tag oder saßen einfach still da, die Spiegelungen unseres Geistes und die glühenden Landschaften einer magischen Welt in den unentwegt sich verändernden Flammen betrachtend. Feuer machte die Dunkelheit erträglich und gab uns ein Gefühl der Sicherheit und Geschütztheit. Es war beruhigend, zuverlässig, meditativ, wirkte regenerierend und war absolut notwendig für das Überleben.

Diese Notwendigkeit besteht in unserem heutigen Leben nicht mehr, und damit ist auch fast jede Gelegenheit verschwunden, still zu sein. In der heutigen schnelllebigen Welt sind offene Feuer unpraktisch oder ein Luxus, den man sich nur gelegentlich gönnt, um eine bestimmte Atmosphäre zu erzeugen. Wir brauchen nur einen Kippschalter umzulegen, wenn das natürliche Tageslicht zu verblassen beginnt. Wir können die Welt so hell erleuchten, wie wir wollen, unser Leben beliebig in die Nacht hinein verlängern und alle Stunden, die wir im Wachzustand verbringen, mit Geschäftigkeit ausfüllen, mit Tun. Das Leben läßt uns heute nur wenig Zeit zum Sein, sofern wir uns diese nicht bewußt nehmen. Es gibt für uns keine festgelegte Zeit mehr, zu der wir unsere Aktivität beenden müssen, weil nicht mehr genug Licht da ist, um weiterzumachen... Deshalb fehlt uns heute jene früher zwangsläufig vorhandene Zeit am Abend, um «abzuschalten», um die Beschäftigungen des Tages loszulassen. Unser Geist hat nur selten Gelegenheit, sich in der Stille an einem Feuer zu sammeln.

Statt dessen schauen wir am Ende des Tages Fernsehen, eine blasse elektronische Feuer-Energie. Wir setzen uns einem unablässigen Bombardement von Klängen und Bildern aus, die dem Geist anderer Menschen entsprungen sind und die unseren Kopf mit Informationen und Banalitäten füllen, mit den Abenteuern, der Erregung und den Begierden anderer Menschen.

Wir brauchen uns jedoch nicht der suchterzeugenden Attraktion solcher äußeren Ablenkung zu ergeben. Statt dessen können wir Gewohnheiten entwickeln, die uns zu jener elementaren Sehnsucht nach Wärme, Stille und innerem Frieden zurückbringen. Wenn wir beispielsweise sitzen und unserem Atem folgen, so ähnelt das sehr dem Sitzen am Feuer. Wenn wir tief in den Atem hineinschauen, sehen wir darin mindestens ebensoviel wie in glühenden Kohlestücken und Flammen: tanzende Spiegelungen unseres Geistes. Eine gewisse Wärme breitet sich aus. Und wenn wir nicht versuchen, irgendwo hinzugelangen, sondern uns gestatten, einfach hier zu sein, stoßen wir auf jene uralte Stille, die Menschen früherer Zeiten fanden, wenn sie um das Feuer saßen.

Harmonie

Während ich auf den Parkplatz des Krankenhauses einbiege, fliegen mehrere hundert Wildgänse über mich hinweg. Da sie sehr hoch fliegen, höre ich ihr Geschrei nicht. Sie scheinen Richtung und Ziel genau zu kennen. Sie fliegen nach Nordwesten, und es ist eine so große Zahl, daß die Formation sich weit nach Osten erstreckt, wo die frühe Novembersonne den Horizont berührt. Als die ersten über mich hinwegfliegen, bin ich tief ergriffen von der Würde und Schönheit dieser Versammlung.

Hunderte fliegen in V-Mustern, aber viele bilden auch komplizierte Formationen. Alles ist in Bewegung. Die Linien sinken und steigen mit Anmut und Harmonie, wie ein Stück Tuch, das im Wind weht. Es ist klar zu erkennen, daß sie miteinander kommunizieren. Jedes der Tiere weiß offenbar, wo es sich befindet, hat seinen Platz in diesem komplexen, sich ständig verändernden Muster, ist ein Teil davon.

Ich habe das merkwürdige Gefühl, daß der Zug dieser Wildgänse für mich wie ein Segen ist. Dieser Augenblick ist ein Geschenk an mich. Es ist mir gestattet worden, etwas zu sehen und an etwas teilzuhaben, von dem ich weiß, daß es wichtig ist – eine Gnade, die mir nicht oft zuteil wird. Eine Seite davon ist die Wildheit dieser Tiere, eine andere die Harmonie, die Ordnung und die Schönheit, die sie verkörpern.

Am Abend jenes Tages lese ich in der Zeitung, daß die Auswirkungen der Abholzung der Regenwälder im Hochland der südlichen Philippinen erst während eines

Taifuns Ende 1991 vollständig zutage getreten seien, als die entblößte Erde die Wassermassen nicht mehr festzuhalten vermochte und sie ungebremst abfließen ließ. Dadurch ergoß sich das Vierfache der zuvor üblichen Wassermenge in einem Schwall zu Tal, und Tausende der armen Einwohner jener Region ertranken. Das Traurige ist, daß wir gewöhnlich nicht bereit sind zu sehen, was wir selbst zur Entstehung solcher Katastrophen beitragen. Es ist in jedem Fall riskant, die natürliche Harmonie der Dinge zu mißachten.

Die Harmonie der Natur umgibt und erfüllt uns zu allen Zeiten. Sie wahrzunehmen ist ein Grund zu großer Freude; doch oft wissen wir sie nur rückblickend zu schätzen oder erst dann, wenn sie nicht mehr besteht. Wenn wir keine Schmerzen oder Beschwerden haben, ignorieren wir unsern Körper gerne. Fähigkeiten wie Gehen, Sehen, Denken und Urinieren erfüllen ihre Funktion, ohne daß wir ihnen sonderlich viel Aufmerksamkeit zu schenken brauchen. Nur Schmerz oder Angst oder Verlustgefühle wecken uns auf und bringen uns die gewöhnlich automatisch arbeitenden Funktionen zu Bewußtsein. Doch wenn wir an einem solchen Punkt stehen, ist die Harmonie wesentlich schwerer zu erkennen. Wir befinden uns dann in einem sich selbst erhaltenden Zustand der Turbulenz, ähnlich Stromschnellen oder Wasserfällen.

Übung: Versuchen Sie den Vorhang der Unachtsamkeit zurückzuziehen, um die Harmonie dieses Augenblicks wahrzunehmen. Sehen Sie sie in den Wolken, im Himmel, in den Menschen, im Wetter, in der Nahrung, in Ihrem Körper, in diesem Atemzug. Schauen Sie, und schauen Sie immer wieder, hier und jetzt!

Früh am Morgen

Obgleich Thoreau keine feste Arbeit hatte, keine Kinder ernähren und zur Schule bringen mußte und auch sonst keine äußeren Gründe hatte, früh aufzustehen, machte er es sich, während er in Walden lebte, zur Gewohnheit, früh aufzustehen und in der Morgendämmerung im Teich zu baden. Er tat dies aus inneren Gründen, als eine Art spiritueller Disziplin: «Es war für mich eine religiöse Übung und mit das Beste, was ich getan habe.»

Auch Benjamin Franklin hat den Zuwachs an Gesundheit, innerem Reichtum und Weisheit infolge regelmäßigen frühen morgendlichen Aufstehens gepriesen, und er hat nicht nur darüber geredet, sondern auch dementsprechend gelebt.

Die Vorteile des frühen Aufstehens haben nichts damit zu tun, daß man dadurch noch mehr Stunden für Geschäftigkeit und Arbeit zur Verfügung hat. Ganz im Gegenteil. Sie ergeben sich aus der Stille und Einsamkeit der frühen Tageszeit und der Möglichkeit, jene Zeit zu nutzen, um das Bewußtsein auszudehnen, um sich der Kontemplation zu widmen, Zeit für das Sein zu haben, Zeit für das absichtliche Bestreben, nichts zu tun. Die friedvolle morgendliche Atmosphäre, die Dunkelheit, die Morgendämmerung, die Stille – all dies trägt dazu bei, den frühen Morgen zu einer für die Achtsamkeitsübung besonders geeigneten Zeit zu machen.

Früh aufzuwachen hat außerdem den Vorteil, daß Sie den Tag aufgrund des zeitlichen «Vorsprungs» mit viel mehr Ruhe beginnen. Wenn Sie den Tag beginnen, nachdem Sie sich in der Achtsamkeit und im inneren

Frieden verwurzelt haben, sind Sie bei der Erledigung Ihrer täglichen Pflichten wesentlich besser in der Lage, Ihr Tun aus dem Sein entspringen zu lassen. Sie werden dann wahrscheinlich mit einem robusten Fundament der Achtsamkeit an die Dinge herangehen, und innere Ruhe und Ausgeglichenheit werden Sie durch den Tag begleiten, ganz gleich, wie dringend und wichtig Ihre Aktivitäten auch sein mögen. Dies ist eine völlig andere Art, an den Alltag heranzugehen, als aus dem Bett zu springen und Ihre Alltagspflichten in Hast zu erledigen.

Im morgendlichen frühen Aufwachen liegt eine solche Kraft, daß es das Leben eines Menschen auf tiefgreifende Weise verändern kann, wenn er sich dies zur Gewohnheit macht, auch wenn er sich in den Morgenstunden nicht der formellen Achtsamkeitsübung widmet. Schon allein täglich den Tagesanbruch mitzuerleben ist in sich ein Weckruf an den Geist.

Wenn Sie sich frühmorgens in der Achtsamkeit verwurzeln, rufen Sie sich ins Bewußtsein, daß die Dinge sich ständig verändern, daß gute wie auch schlechte Dinge kommen und gehen und daß es möglich ist, in allen Situationen eine Einstellung der Konstanz, der Weisheit und des inneren Friedens aufrechtzuerhalten. Die tägliche Entscheidung, früh aufzustehen und zu meditieren, ist ein Ausdruck dieser Sichtweise.

Wenn es Ihnen widerstrebt, eine Stunde früher als gewöhnlich aufzustehen, können Sie es mit einer halben Stunde oder mit fünfzehn Minuten oder auch nur mit fünf Minuten versuchen. Entscheidend ist, mit welcher Haltung Sie dies tun. Auch fünf Minuten, die Sie am Morgen der Achtsamkeitsübung widmen, können wertvoll sein. Selbst wenn Sie nur fünf Minuten Ihres

Schlafs opfern, wird Ihnen das bewußtmachen, wie sehr Sie am Schlaf haften und wieviel Disziplin und Entschlossenheit Sie deshalb aufbringen müssen, um sich auch nur ein wenig Zeit dafür zu nehmen, wach zu sein, ohne irgend etwas zu tun. Unser Verstand hat stets eine sehr glaubhaft klingende Ausrede parat. Etwa: Da keine wirklich dringende Notwendigkeit besteht, gerade *heute* morgen mit der Übung zu beginnen, und da Sie dadurch gewiß nichts Greifbares erreichen werden und es vielleicht sehr gute Gründe gibt, heute noch nicht anzufangen, warum sollten Sie sich nicht den zusätzlichen Schlaf gönnen, den Sie gerade jetzt so gut gebrauchen können?

Um solche vorhersehbaren Einwände überwinden zu können, müssen Sie am Vorabend festlegen, wann Sie aufstehen werden, ganz gleich, was Ihrem Verstand dann einfallen wird. Dies ist Ausdruck echter Intentionalität und innerer Disziplin. Sie tun etwas einfach deshalb, weil Sie sich verpflichtet haben, es zu tun, und Sie tun es zur festgesetzten Zeit, ganz gleich, ob ein Teil Ihres Geistes sich danach fühlt oder nicht. Nach einiger Zeit wird die Disziplin zu einem Teil Ihrer selbst. Sie ist dann einfach die neue Art zu leben, die Sie sich angewöhnt haben. Sie ist kein Müssen mehr und erfordert nicht, daß Sie sich zu etwas zwingen. Ihre Werte und Ihre Handlungen haben sich verändert.

Wenn Sie noch nicht bereit sind, regelmäßig früh aufzustehen (und selbst wenn Sie es sind), können Sie den Augenblick des Aufwachens auch als einen Augenblick der Achtsamkeit nutzen, egal, zu welcher Zeit das ist. Versuchen Sie, bevor Sie sich auch nur bewegen, sich die Tatsache zu vergegenwärtigen, daß Ihr Atem sich bewegt. Fühlen Sie, wie Ihr Körper im Bett liegt. Strecken Sie ihn. Fragen Sie sich: «Bin ich jetzt wach? Ist mir wirklich klar, daß mir das Geschenk eines neuen Tages gemacht worden ist? Werde ich ihm wach entgegentreten? Was wird heute geschehen? In diesem Augenblick weiß ich es noch nicht. Kann ich, auch während ich darüber nachdenke, diesem Nicht-Wissen gegenüber offenbleiben? Kann ich das Heute als ein Abenteuer sehen? Kann ich das Hier und Jetzt als eine Fülle von Möglichkeiten sehen?»

> Morgen ist, wenn ich aufwache und der Tag in mir emporsteigt... Wir müssen lernen, wieder wach zu werden und uns wach zu halten, nicht durch mechanische Mittel, sondern durch das unaufhörliche Erwarten des Sonnenaufgangs, welches uns nicht verlassen darf im tiefsten Schlaf. Ich kenne keine erhebendere Tatsache als die zweifellose Fähigkeit des Menschen, sein Leben durch bewußte Anstrengung auf einen höheren Standpunkt zu erheben. Es will etwas heißen, ein besonders schönes Bild malen, eine Statue meißeln, etwas Schönes hervorbringen zu können; aber es ist weit ruhmvoller, die Atmosphäre, das Medium selbst, durch welches wir hindurchblicken, zu malen und zu meißeln... Auf die Beschaffenheit des Tages selbst einzuwirken, das ist die höchste aller Künste.
>
> Henry D. Thoreau, *Walden*

Übung: Gehen Sie sich selbst gegenüber die Verpflichtung ein, früher aufzustehen als gewöhnlich. Schon dies allein wird Ihr Leben verändern. Machen Sie diese Zeit, wie lang sie auch sein mag, zu einer Zeit für das Sein, zu einer Zeit, die Sie dem absichtlichen Wachsein widmen. Füllen Sie diese Zeit mit nichts anderem aus als mit

Gewahrsein. Sie brauchen nicht im Geiste die Pflichten durchzugehen, die Sie im Laufe des Tages erledigen müssen, und auf diese Weise das spätere Sein vorwegzunehmen. Dies ist eine Zeit für die Nicht-Zeit, für die Stille, für die Präsenz, eine Zeit, die Sie ganz allein mit sich selbst verbringen.

Treten Sie im Augenblick des Aufwachens, bevor Sie aufstehen, auch mit Ihrem Atem in Kontakt, und spüren Sie die unterschiedlichen Empfindungen in Ihrem Körper. Achten Sie darauf, ob irgendwelche Gedanken oder Gefühle da sind, und lassen Sie die Achtsamkeit diesen Augenblick berühren. Spüren Sie Ihren Atem? Sind Sie in der Lage, den Anfang jedes Einatmens wahrzunehmen? Können Sie das Gefühl genießen, daß der Atem in diesem Augenblick frei in Ihren Körper eintritt? Fragen Sie sich: «Bin ich jetzt wach?»

Direkter Kontakt

Wir alle haben bestimmte Ideen und Vorstellungen über die Wirklichkeit, die wir häufig von anderen Menschen übernommen oder in Kursen aufgeschnappt haben, oder wir haben sie aus Büchern, aus dem Fernsehen, dem Radio, den Zeitungen. Aufgrund dieser Vorstellungen glauben wir zu wissen, wie die Dinge liegen und was geschehen wird. Infolgedessen sehen wir häufig unsere Gedanken oder die Gedanken anderer Menschen, statt das zu sehen, was sich tatsächlich vor uns oder in uns abspielt. Oft machen wir uns nicht einmal die Mühe zu überprüfen, wie wir uns fühlen, weil wir glauben, wir wüßten und verstünden es ohnehin. Das kann dazu führen, daß wir nicht offen für die Wunder und für die Lebendigkeit unmittelbarer Begegnungen sind. Und wenn wir nicht aufpassen, vergessen wir sogar, daß direkter Kontakt überhaupt möglich ist. Wir können den Kontakt zu dem verlieren, was grundlegend ist, und vielleicht wissen wir nicht einmal, was das ist. Wir können in einer selbstgeschaffenen Traum-Wirklichkeit leben, ohne auch nur das Gefühl zu haben, daß uns etwas fehlt, daß ein tiefer Graben, eine unnötige Distanz zwischen uns und dem Erleben klafft. Ist uns dies nicht klar, so kann das dazu führen, daß wir spirituell und emotional verarmen. Doch wenn wir es schaffen, in direkten Kontakt zur Welt zu treten, kann etwas Wundervolles und Einzigartiges geschehen.

Der Physiker Victor Weisskopf, einer meiner Mentoren und ein Freund, hat die folgende beeindruckende Geschichte über direkten Kontakt erzählt:

> Vor einigen Jahren wurde ich eingeladen, an der Universität von Arizona eine Vortragsreihe zu halten. Ich nahm dieses Angebot gerne wahr, weil es mir die Möglichkeit eröffnete, das astronomische Observatorium am Kitts Peak zu besuchen, in dem sich ein sehr leistungsstarkes Teleskop befindet, durch das ich schon seit langem einmal hatte schauen wollen.
>
> Wir fuhren an einem wundervoll klaren Abend in die Berge. Die Sterne und die Milchstraße glitzerten intensiv und schienen fast greifbar nah zu sein. Ich trat unter das Kuppeldach des Observatoriums und sagte den Technikern, die das computergesteuerte Teleskop bedienten, daß ich Saturn und einige der Gala-

xien sehen wollte. Es war mir ein großes Vergnügen, mit eigenen Augen und mit ungeheurer Klarheit alle Details zu sehen, die ich bisher nur von Fotografien her kannte. Während ich all dies betrachtete, merkte ich plötzlich, daß sich der Raum mit Menschen füllte, die ebenfalls nacheinander durch das Teleskop schauten. Es waren Astronomen, die mit dem Observatorium zusammenarbeiteten, aber noch nie die Möglichkeit gehabt hatten, sich die Objekte ihrer Forschung direkt anzuschauen. Ich kann nur hoffen, daß ihnen durch dieses Erlebnis die Wichtigkeit solcher direkten Kontakte klargeworden ist.

Victor Weisskopf, *The Joy of Insight*

Übung: Denken Sie darüber nach, daß Ihr Leben mindestens ebenso interessant und geheimnisvoll ist wie der Mond oder die Sterne. Was steht zwischen Ihnen und Ihrem Leben? Was könnten Sie tun, um die Kluft zu überwinden?

Autorität beanspruchen

Als ich anfing, in der Klinik zu arbeiten, erhielt ich drei lange weiße Kittel, auf deren Taschen «Dr. Kabat-Zinn / Medizinische Fakultät» gestickt war. Diese Kittel hängen nun seit fünfzehn Jahren unbenutzt am Kleiderhaken, der sich auf der Innenseite der Tür zu meinem Büro befindet.

In meinen Augen sind diese weißen Kittel ein Symbol

für genau das, was ich bei meiner Arbeit nicht benötige. Ich nehme an, daß solche Kittel Ärzten, die ihre Aura der Autorität und damit auch den positiven Placebo-Effekt bei ihren Patienten verstärken wollen, gute Dienste leisten. Diese Aura wird noch unterstrichen, wenn die Betreffenden ein Stethoskop im richtigen Winkel aus der Tasche ihres Kittels heraushängen lassen. Bei meiner Arbeit in der Streßklinik wäre der weiße Kittel jedoch geradezu eine Behinderung. Ich habe ohnehin alle Hände voll damit zu tun, all die Projektionen derjenigen zurückzuspiegeln, die mich als «Mr. Entspannung» oder «Dr. Hat-alles-Beieinander» oder «Mr. Weisheit-und-Mitgefühl-Inkarnation» sehen. Bei der Streßreduktion mit Hilfe von Achtsamkeitspraxis – und bei jeder Art von gesundheitsfördernden Maßnahmen im weitesten Sinne – geht es darum, die Betroffenen dazu zu bringen und sie dazu zu ermutigen, zu Autoritäten für ihre eigenen Belange zu werden und mehr Verantwortung für ihr Leben, ihren Körper und ihre Gesundheit zu übernehmen. Ein großer Teil der Information, die wir alle brauchen, um mehr über uns selbst und unsere Gesundheit zu lernen – Information, die wir unbedingt brauchen, um wachsen, genesen und im Leben sinnvolle Entscheidungen treffen zu können –, befindet sich in unserer Reichweite bzw. direkt vor unserer Nase.

Um mehr für die Erhaltung unserer Gesundheit und unseres Wohlbefindens zu tun, brauchen wir uns nur sorgsamer zuzuhören und dem, was wir auf diese Weise hören, zu vertrauen: den Botschaften unseres eigenen Lebens, unseres Körpers, unseres Geistes und unserer Gefühle. Diese Teilnahme und dieses Vertrauen sucht man im Bereich der Schulmedizin leider oft vergeblich.

Wir nennen es «die inneren Ressourcen der Patienten mobilisieren», für die Heilung oder einfach, damit sie ein wenig besser mit ihrem Leben zurechtkommen, damit sie ein wenig klarer zu sehen vermögen, damit sie ein wenig mehr Selbstvertrauen entwickeln, damit sie mehr Fragen stellen und besser mit sich selbst umgehen. Dies kann natürlich die Hilfe medizinischer Experten nicht völlig ersetzen, aber wenn Sie gesund leben wollen, ist es eine notwendige Ergänzung zum Expertenwissen, gerade bei Bestehen von Krankheiten, Behinderungen, Gesundheitsrisiken und angesichts eines häufig kalt wirkenden, angsterregenden, unsensiblen und manchmal sogar regelrecht krank machenden Systems medizinischer «Versorgung».

Diese Haltung zu entwickeln bedeutet, daß man sein Leben selbst in die Hand nimmt und dadurch ein gewisses Maß an Autorität hinsichtlich der eigenen Situation entwickelt. Um das zu erreichen, muß man an sich selbst glauben. Und das tun viele von uns leider nicht.

Achtsame Selbstbefragung vermag schwache Selbstachtung zu heilen, weil schwache Selbstachtung auf einer verzerrten Wahrnehmung der Wirklichkeit beruht. Sie können dies sehr klar erkennen, wenn Sie anfangen, in der Meditationsübung Ihren Körper oder auch nur Ihren Atem zu beobachten. Der Körper vollbringt ohne Mitwirkung unseres Bewußtseins erstaunliche Leistungen. Unsere mangelnde Selbstachtung rührt größtenteils von einem Denken her, das durch frühere Erfahrungen gefärbt ist. Wir sehen nur unsere Mängel und übertreiben sie maßlos. Gleichzeitig betrachten wir alle unsere guten Eigenschaften als Selbstverständlichkeiten oder sehen sie nicht einmal.

Möglicherweise haften wir an den oft tiefen und immer noch blutenden Wunden aus unserer Kindheit und vergessen oder entdecken nie, daß wir auch wundervolle Qualitäten haben. Die Wunden sind natürlich wichtig, aber das gilt auch für unser inneres Gutsein, für unsere Fürsorglichkeit, für unsere Güte anderen gegenüber, für die Weisheit des Körpers, für unsere Fähigkeit zu denken und zu unterscheiden. Doch statt uns eine ausgewogene Sichtweise anzueignen, beharren wir oft auf der Gewohnheit, auf andere zu projizieren, daß *sie* okay sind und wir nicht.

Wenn andere Menschen in dieser Weise auf mich projizieren, wehre ich mich dagegen. Ich versuche dann durch Rückspiegelung klarzumachen, daß ihre positive Energie *für mich* in Wirklichkeit *ihre eigene* ist. Das Positive ist ihr Eigentum. Es ist ihre Energie, und sie müssen diese Energie bei sich behalten, sie nutzen und ihre Quelle ehren. Warum sollten sie ihre Kraft abgeben?

> [Die Menschen] bemessen ihre gegenseitige Wertschätzung nach dem, was einer hat, und nicht nach dem, was einer ist ... Nichts kann dir Frieden bringen außer dir selbst.
>
> Ralph Waldo Emerson, «Selbstvertrauen», *Essays*

Wo immer du hingehst, da bist du

Ist Ihnen schon einmal aufgefallen, daß es nicht möglich ist, vor irgend etwas wegzulaufen? Daß die Dinge, mit denen Sie sich nicht auseinandersetzen wollen und vor denen Sie davonzulaufen, die Sie zu leugnen versuchen, Sie früher oder später einholen – besonders wenn sie etwas mit alten Mustern und Ängsten zu tun haben? Es ist eine naive Vorstellung, daß man, wenn es hier nicht gut ist, nur nach dort zu gehen braucht, um die Situation zu ändern. Wenn diese Arbeit nicht gut ist, dann suchen Sie sich eine andere. Wenn diese Frau nicht gut ist, dann suchen Sie sich eine andere. Wenn diese Stadt nicht gut ist, dann ziehen Sie in eine andere. Alldem liegt die Idee zugrunde, daß der Grund für Ihre Schwierigkeiten außerhalb von Ihnen selbst liegt – daß der Ort, die anderen Menschen oder die Umstände schuld sind.

Diese Sichtweise ignoriert die Tatsache, daß wir alle einen Kopf und ein Herz mit uns herumtragen und außerdem das, was manche «Karma» nennen. Wir können uns selbst nicht entkommen, so sehr wir uns auch bemühen mögen. Und was für einen Grund außer Wunschdenken könnten wir haben anzunehmen, daß die Dinge irgendwo besser oder anders sind als hier? Früher oder später würden die gleichen Probleme wieder auftreten, da sie größtenteils auf unserer Art zu sehen, zu denken und uns zu verhalten beruhen – auf unseren festen Mustern. Nur zu oft treten in unserem Leben Schwierigkeiten auf, weil wir aufhören, uns mit unserem Leben zu beschäftigen, weil wir nicht bereit sind, die Verantwortung dafür zu übernehmen, wie die

Dinge nun einmal sind, und an unseren Schwierigkeiten zu arbeiten. Wir begreifen nicht, daß es möglich ist, zu Klarheit und Verständnis zu gelangen und im Hier und Jetzt Transformationen herbeizuführen.

Statt dessen scheint es uns einfacher, an anderen etwas auszusetzen, sie zu beschuldigen, zu glauben, daß eine äußere Veränderung notwendig sei, daß wir den Kräften entfliehen müssen, die uns hindern, zu wachsen und glücklich zu werden. Wir können uns sogar selbst die Schuld an allem Mißgeschick geben und letztlich dennoch der Verantwortung entfliehen, indem wir mit dem Gefühl weglaufen, ein schreckliches, nicht mehr zu korrigierendes Durcheinander angerichtet zu haben und anderen weiteres Ungemach ersparen zu müssen, indem wir uns aus der Situation entfernen.

Auf Opfer dieser Sichtweise trifft man überall. Wohin Sie auch schauen, überall zerbrochene Beziehungen, zerbrochene Familien, gebrochene Menschen – Wanderer ohne Wurzeln, die von einem Ort zum anderen irren, von diesem Job zum nächsten wechseln, von dieser Beziehung zu jener, von dieser Erlösungsvorstellung zu einer anderen, in der Hoffnung, daß sie nur die richtige Person, den richtigen Job, den richtigen Ort oder das richtige Buch zu finden brauchen, damit alles besser wird. Sie fühlen sich isoliert, nicht wert, geliebt zu werden, und verzweifelt. Sie haben aufgehört, auch nur den Versuch zu machen, den Frieden des Geistes zu suchen.

Meditation immunisiert nicht zwangsläufig gegen das Muster, anderswo nach Antworten und Lösungen für unsere Probleme zu suchen. Manchmal wandern Menschen rastlos von einer Methode zur anderen, von einem Lehrer zum nächsten, von dieser Tradition zu jener, auf der Suche nach jenem besonderen Etwas, nach der besonderen Lehre, nach einer besonderen Beziehung, nach jenem momentanen «High», das ihnen die Tür zum Verständnis ihrer selbst und zur Befreiung öffnen soll. Aus Angst und Sehnsucht nach etwas Besonderem, das ihnen helfen soll, klar zu sehen, begeben sich Menschen manchmal in heillose Abhängigkeitsbeziehungen zu Meditationslehrern, wobei sie vergessen, daß sie, egal, wie gut der Lehrer sein mag, die innere Arbeit letztlich selbst tun müssen und daß diese Arbeit immer am Stoff unseres eigenen Lebens geschieht.

Manche benutzen sogar von Lehrern geleitete Meditationskurse dazu, es sich eine Zeitlang gutgehen zu lassen, statt als Gelegenheit, tiefer in sich hineinzuschauen. Solche Kurse vereinfachen das Leben in gewisser Weise. Die Teilnehmer sind weitgehend von ihren Alltagspflichten entbunden. Die Welt erscheint plötzlich sinnvoll. Ich brauche nichts weiter zu tun, als zu sitzen und zu gehen, achtsam zu sein, in der Gegenwart zu verweilen, mich vom Personal bedienen zu lassen, der großen Weisheit von Menschen zu lauschen, die intensiv an sich selbst gearbeitet haben – und wenn ich all dies tue, werde ich transformiert werden, dazu inspiriert werden, mehr ich selbst zu sein und besser mit meinen Problemen umzugehen.

All das trifft teilweise zu. Gute Lehrer und lange Perioden isolierter Meditation können eine sehr tiefe und heilende Wirkung haben, wenn man bereit ist, sich mit allem zu beschäftigen, was in dieser Zeit «hochkommt». Doch muß man sich andererseits auch vor der Gefahr hüten, daß eine innere Einkehr zu einem Rückzug aus dem Leben in der Welt verkommt und die «Transformation», die dabei stattfindet, letztlich nur oberflächlich ist. Vielleicht hält sie ein paar Tage an, vielleicht auch ein paar Wochen oder Monate, bis die gleichen alten Muster erneut in Erscheinung treten. Dann wird es Zeit, nach dem nächsten Meditationskurs Ausschau zu halten, nach dem nächsten großen Lehrer, oder man plant vielleicht eine Pilgerreise nach Asien oder irgendein Luftschloß, in dem die Dinge tiefer und klarer werden und man selbst ein besserer Mensch.

Diese Art zu denken und zu sehen ist leider sehr verbreitet, und sie ist eine Falle. Auf die Dauer bleibt uns nur die echte Transformation. Ob Sie Drogen oder Meditation bevorzugen, Alkohol oder den Club Méditerranée, ob Sie sich scheiden lassen oder Ihren Job an den Nagel hängen – nichts von alldem ist dem Wachstum förderlich, solange Sie nicht völlig der gegenwärtigen Situation ins Auge gesehen und sich ihr mit Achtsamkeit geöffnet haben. Mit anderen Worten: Sie müssen bereit sein zuzulassen, daß das Leben selbst Ihr Lehrer ist.

Dies bedeutet, mit der aktuellen Situation zu arbeiten, mit dem, was hier und jetzt vorhanden ist. Wenn Sie diesen Pfad gehen, gibt es für Sie nichts anderes als diesen Ort, diese Beziehung, dieses Dilemma, diese Arbeit. Das Wesen der Achtsamkeitsübung besteht darin, mit eben den Umständen zu arbeiten, in denen Sie sich befinden – ganz gleich, wie unangenehm, entmutigend, einschränkend, endlos und verfahren sie Ihnen erscheinen mögen –, und alles, was in Ihren Kräften steht, zu tun, um die in den Umständen enthaltenen Energien so zu nutzen, daß diese Sie transformieren, bevor Sie beschließen, Ihre Verluste zu begrenzen und anderswohin zu gehen. Die eigentliche Arbeit muß hier und jetzt stattfinden.

Wenn Sie also das Gefühl haben, daß Ihre Meditationsübung zu nichts führt oder die Umstände, in denen Sie sich befinden, ungünstig sind, und Sie glauben, wenn Sie sich in einer Höhle im Himalaja befänden oder in einem Kloster in Indien oder in einer Bucht in den Tropen, wäre alles besser, und Ihre Meditation wäre dann stärker – dann sollten Sie besser noch einmal gründlich darüber nachdenken. Wenn Sie tatsächlich in jene Höhle oder an die einsame Bucht oder ins Kloster gehen würden, dann wären immer noch *Sie* da, mit dem gleichen Geist, dem gleichen Körper, dem gleichen Atem, den Sie auch jetzt hier haben. Nach spätestens fünfzehn Minuten in der Höhle würden Sie sich einsam fühlen, oder Sie würden mehr Licht haben wollen, oder vom Dach würde Wasser auf Sie niedertropfen. Wenn Sie an der einsamen Bucht wären, könnte es regnen oder kalt sein. In einem Kloster könnten die Lehrer Ihnen nicht gefallen oder das Essen oder Ihr Zimmer. Es gibt immer irgend etwas, das man nicht mag. Warum also nicht loslassen und sich eingestehen, daß Sie sich ebensogut da zu Hause fühlen können, wo Sie gerade sind? Genau in jenem Augenblick berühren Sie den Kern Ihres Seins und laden die Achtsamkeit ein, einzutreten und Sie zu heilen. Wenn Sie dies verstehen, dann, und nur dann, werden die Höhle, das Kloster, die einsame Bucht Ihnen ihren vollen Reichtum offenbaren. Doch das gilt auch für alle anderen Augenblicke und Orte.

Auf einem steilen Grat rutscht mein Fuß ab; in dem Sekundenbruchteil, in dem die Nadeln der Angst mir Herz und Schläfen durchbohren, dringt Ewigkeit in die Gegenwart ein. Denken und Tun unterscheiden sich nicht, Steine, Luft, Eis, Sonne, Angst und mein Ich sind eins. Worauf es ankommt, ist, diese geschärfte Wachheit in ganz gewöhnliche Momente hinüberzuretten, Augenblick für Augenblick zu erfahren, so wie Lämmergeier und Wolf, die sich selbst im Zentrum der Dinge finden und deshalb keinen Anlaß haben, irgendein «Geheimnis des wahren Seins» zu ergründen. In dem Atemzug, den wir in diesem Augenblick tun, liegt das ganze Geheimnis, zu dem alle großen Lehrer uns führen wollen oder, wie ein Lama sagte, «die Präzision, Offenheit und Intelligenz des Gegenwärtigen». Das Ziel der Meditationspraxis ist nicht die Erleuchtung, sondern die Fähigkeit, zu jeder Zeit nur der Gegenwart und nichts außer der Gegenwart Beachtung zu schenken, die Bewußtheit des Jetzt in jedem Moment des Alltagslebens zu bewahren.

Peter Matthiessen, *Auf der Spur des Schneeleoparden*

Treppensteigen

Das Alltagsleben bietet unzählige Gelegenheiten, Achtsamkeit zu üben. Eine, die ich persönlich als besonders geeignet empfinde, ist das Treppensteigen. Zu Hause tue ich dies jeden Tag unzählige Male, gewöhnlich, weil ich irgend etwas brauche, das sich in einem Raum im oberen bzw. im unteren Stockwerk befindet.

Ich werde also häufig von meinem Bedürfnis, irgendwo anders zu sein, oder davon, was meiner Meinung nach als nächstes geschehen muß, getrieben. Wenn ich wieder einmal die Treppe hinaufrenne, gewöhnlich zwei Stufen auf einmal nehmend, habe ich manchmal die Geistesgegenwart, mich bei einer solchen wilden Jagd zu ertappen. Mir wird bewußt, daß ich außer Atem bin und daß mein Herz ebenso jagt wie mein Geist, daß mein ganzes Sein in jenem Augenblick durch irgendeinen brandeiligen Grund getrieben wird, der mir, wenn ich oben angekommen bin, oft schon nicht mehr klar ist.

Wenn es mir gelingt, diese Energiewelle einzufangen, während ich mich noch am unteren Ende der Treppe befinde oder während ich mich gerade auf den Weg nach oben mache, verlangsame ich manchmal meinen Aufstieg, und ich nehme dann nicht nur einfach eine Stufe nach der anderen, sondern gehe wirklich langsam, indem ich beispielsweise jeden Schritt mit einem vollständigen Atemzyklus koordiniere, wobei ich mir vergegenwärtige, daß ich keinen Schritt zu gehen und nichts zu erreichen brauche, das nicht auch noch einen Moment Zeit hat, so daß ich vollständig in diesem Augenblick verweilen kann.

So bin ich treppauf, treppab stärker mit mir selbst in Kontakt und bei meiner Ankunft besser zentriert. Außerdem ist mir aufgegangen, daß es so gut wie nie einen stichhaltigen Grund zur Eile gibt. Vielmehr werden Hast und Eile gewöhnlich durch Ungeduld und Ängstlichkeit verursacht, die manchmal kaum wahrzunehmen sind, die oft aber auch so stark dominieren können, daß fast nichts sie zu bremsen vermag. Nur das Gewahrsein hilft mir dann, mich in solchen Augenblicken nicht völlig in der Turbulenz des Geistes zu verlieren.

Übung: Nutzen Sie alltägliche, sich wiederholende Situationen als Gelegenheiten, um Achtsamkeit zu üben. Das Öffnen der Haustür, das Abnehmen des Telefonhörers, der Gang zur Toilette, das Bedienen des Wäschetrockners, der Weg zum Kühlschrank – all dies sind Gelegenheiten, die Aktivität zu verlangsamen und den Kontakt zum gegenwärtigen Augenblick zu verstärken. Achten Sie auf die inneren Gefühle, die Sie zum Telefon treiben oder beim ersten Ertönen der Türklingel zur Haustür. Warum muß diese Reaktionszeit so kurz sein, daß Sie dadurch aus dem Leben herausgerissen werden, das Sie im vorherigen Augenblick gelebt haben? Können diese Übergänge nicht auch sanfter erfolgen? Können Sie mehr da sein, wo Sie tatsächlich sind, und das in jeder Situation?

Versuchen Sie, auch dann gegenwärtig zu sein, wenn Sie beispielsweise duschen oder essen. Wenn Sie unter der Dusche stehen, befinden Sie sich dann wirklich unter der Dusche? Spüren Sie das Wasser auf Ihrer Haut, oder sind Sie irgendwo anders, in Gedanken verloren, so daß Ihnen das Erlebnis des Duschens völlig entgeht? Essen ist ebenfalls eine Gelegenheit für die Achtsamkeitsübung. Schmecken Sie wirklich, was Sie essen? Sind Sie sich dessen bewußt, wie schnell, wieviel, wann, wo und was Sie essen? Nutzen Sie Ihren gesamten Tageslauf, so wie er sich entfaltet, um sich darin zu üben, gegenwärtig zu sein oder sich immer wieder in die Gegenwart zu versetzen.

Küchenarbeit

Ich kann mich verlieren und gleichzeitig finden, während ich den Küchenherd reinige. Dies ist eine großartige, wenn auch seltene Gelegenheit für die Achtsamkeitsübung und immer wieder eine Herausforderung. Es macht mir große Freude, den Herd so sauber zu machen, daß er schließlich wie neu aussieht.

Ich benutze dazu einen Scheuerlappen, der so rauh ist, daß ich die festgebackenen Essensreste mit Scheuerpulver entfernen kann, aber wiederum nicht so rauh, daß das Email beschädigt wird. Ich entferne die Brennerteile und die Einsätze, sogar die Regelknöpfe, die ich allesamt im Spülbecken einweichen lasse, um sie später zu reinigen. Dann nehme ich mir jeden Quadratzentimeter der Oberfläche vor, wobei ich manchmal Kreisbewegungen bevorzuge, manchmal auch eine Hin- und Herbewegung, je nach Verschmutzung. Ich spüre diese Bewegung im ganzen Körper, und es geht mir nicht mehr darum, den Herd zu säubern, damit er wieder schön aussieht, sondern ich bewege mich einfach und beobachte, während sich die Dinge vor meinen Augen allmählich verändern. Zum Abschluß wische ich die Oberflächen sorgfältig mit einem feuchten Schwamm ab.

Manchmal trägt Musik zu diesem Erlebnis bei. Der Gesang, die Klänge, die Rhythmen und die Putzbewegungen meines Körpers vermischen sich. In meinen Armen tritt eine Vielzahl von Empfindungen auf, der Fingerdruck auf das Reinigungstuch verändert sich rhythmisch. Es ist ein einziger großer Tanz des Gegenwärtigseins, eine Feier des Jetzt. Am Ende ist der Herd sauber. Jene innere Stimme, die gewöhnlich das Verdienst für derartige Dinge für sich beansprucht («Sieh nur, wie sauber ich den Herd gemacht habe.») und dafür Beifall erheischt («Habe ich das nicht gut gemacht?»), rumort in meinem Inneren, wird aber schnell aufgefangen von einem umfassenderen Verständnis dessen, was tatsächlich geschehen ist.

Aus der Perspektive der Achtsamkeit betrachtet kann ich nicht behaupten, daß «ich» den Herd gesäubert habe. Eher hat der Herd sich selbst gesäubert, mit Hilfe von Musik, Wischtuch, Scheuerpulver, Schwamm und heißem Wasser und einer Folge gegenwärtiger Augenblicke.

Was ist meine Aufgabe auf diesem Planeten?

«Was ist meine Aufgabe auf diesem Planeten?» ist eine Frage, die wir uns regelmäßig stellen sollten. Andernfalls kann es passieren, daß wir die Arbeit eines anderen tun und dies nicht einmal bemerken. Außerdem könnte jener andere ein Produkt unserer eigenen Phantasie und vielleicht auch ein Gefangener dieser Phantasie sein.

Der amerikanische Ingenieur und Architekt Richard Buckminster Fuller stand im Alter von 32 Jahren einmal kurz davor, Selbstmord zu begehen. Nach einer Reihe von finanziellen Mißerfolgen hatte er das Gefühl, sein Leben sei so sehr aus den Fugen, daß es das beste sei, völlig zu verschwinden und es dadurch zumindest seiner

Frau und seiner kleinen Tochter leichterzumachen. Vielleicht war es letztlich Fullers tiefer Glaube an die grundlegende Einheit und Ordnung des Universums, als deren integralen Bestandteil er sich sah, der ihn von seinem selbstzerstörerischen Vorhaben abbrachte und in ihm den Entschluß reifen ließ, fortan so zu leben, *als ob* er in jener Nacht gestorben wäre.

Als ein solcher «Toter» bräuchte er sich keine Sorgen mehr darüber zu machen, ob sich die Dinge für ihn persönlich vorteilhaft entwickelten, und er hätte die Freiheit, sich einem Leben als Repräsentant des Universums zu widmen. Sein gesamtes weiteres Leben wäre dann für ihn ein Geschenk. Statt für sich selbst zu leben, würde er sich der Frage widmen: «Was auf diesem Planeten (den er als «Raumschiff Erde» bezeichnete) muß meines Wissens getan werden und wird wahrscheinlich nicht geschehen, wenn *ich* es nicht in die Hand nehme?» Er beschloß, sich diese Frage ununterbrochen zu stellen und dann zu tun, was ihm richtig erschien, wobei er einfach das jeweils Nächstliegende tun wollte.

Wir stellen uns kaum einmal die Frage, was unser Herz uns auffordert zu tun und zu sein, und denken zielgerichtet darüber nach. Sie können jederzeit beginnen, sich diese Frage zu stellen, in jedem Alter. Es gibt keinen Zeitpunkt im Leben, zu dem dies keine tiefgreifende Wirkung auf Ihre Sicht der Dinge und auf Ihre Entscheidungen hätte.

Fuller selbst hat immer wieder darauf hingewiesen, daß das, was im Augenblick zu geschehen scheint, niemals alles ist, was wirklich vor sich geht. Er wies darauf hin, daß für die Biene der Honig das entscheidende ist, daß die Biene jedoch gleichzeitig auch das Mittel ist, dessen die Natur sich bedient, um die Blüten zu bestäuben. Verbundenheit ist ein Grundprinzip der Natur. Nichts ist isoliert. Jedes Ereignis ist mit anderen verbunden. Dinge entfalten sich ständig auf unterschiedlichen Ebenen. Unsere Aufgabe ist es, die Vernetzung all dieser Dinge, soweit es uns möglich ist, zu erkennen und zu lernen, unseren eigenen Fäden durch das Gewebe des Lebens zu folgen, auf authentische Weise und mit Entschlossenheit.

Der Architekt Fuller war überzeugt von der Existenz einer grundlegenden Architektur der Natur, deren Charakteristikum sei, daß Form und Funktion unlösbar miteinander verbunden sind. Er glaubte, daß die Strukturpläne der Natur für unser Leben auf vielen Ebenen sinnvoll und von praktischer Bedeutung seien. Noch vor seinem Tod entdeckte die Röntgenkristallographie, daß viele Viren – submikroskopische Ansammlungen von Makromolekülen, die sich an der Schwelle des Lebens befinden – nach ebenjenen geodätischen Prinzipien strukturiert sind, mit denen er experimentierte. Aufgrund seiner Denkanstöße entwickelte sich auch ein völlig neuer Bereich der Chemie, der sich der Erforschung jener merkwürdigen fußballähnlichen Kohlenstoffverbindungen widmete, die als «Buckminsterfullerenes» oder «Buckyballs» bekannt wurden. Indem Fuller seinem eigenen Weg folgte, entdeckte er Welten, von denen er nie geträumt hätte. Und genauso könnte es Ihnen ergehen. Fuller hat sich zeitlebens nie für etwas Besonderes gehalten, sondern für einen ganz gewöhnlichen Menschen, der gerne mit Ideen und Formen spielte. Sein Motto lautete: «Wenn ich es verstehen kann, kann jeder es verstehen.»

Beharre auf dir selbst: ahme niemals nach. Deine eigene Gabe kannst du jederzeit mit der gesammelten Kraft der Kultivierung eines ganzen Lebens darbieten; das angenommene Talent eines anderen aber gewährt dir nur einen unvorbereiteten halben Besitz...
Tue das, was dir zugewiesen ist, und du kannst nicht zu viel erhoffen, nicht zu viel wagen.

Ralph Waldo Emerson, *Selbstvertrauen*

Der Berg als Lehrer

«Vielleicht gelingt es ihm. Aber letztendlich entscheidet allein der Berg, wer seinen Gipfel erreichen wird.»

Antwort eines Bergführers am Everest
auf die Frage, ob es einem älteren Bergsteiger
gelingen könnte, den Gipfel zu ersteigen

Es gibt äußere und innere Berge. Ihre bloße Gegenwart zieht uns an, fordert uns zum Aufstieg auf. Vielleicht besteht die Lehre, die ein Berg uns erteilt, darin, uns klarzumachen, daß wir den ganzen Berg in uns tragen, sowohl den äußeren als auch den inneren. Manchmal suchen wir nach dem Berg, ohne ihn zu finden, bis wir ausreichend motiviert und vorbereitet sind, den Weg zu ihm zu entdecken, zuerst den Weg zu seinem Fuß, später den zum Gipfel. Das Bergsteigen ist eine tiefe Metapher für die Lebenssuche, die spirituelle Reise, den Pfad des Wachsens, der Transformation und des Verstehens. Die aufreibenden Schwierigkeiten, denen wir auf dem Weg begegnen, sind Herausforderungen, die wir benötigen, um unsere Grenzen zu erweitern. Letztlich ist das Leben selbst der Berg, der Lehrer, der uns perfekte Gelegenheiten liefert, die innere Arbeit des Wachsens zu verrichten. Und wir müssen viel lernen und viel wachsen, wenn wir uns dafür entscheiden, die Reise anzutreten. Die Risiken, die uns auf diesem Weg erwarten, sind beträchtlich, er fordert gewaltige Opfer, und das Ergebnis ist stets unsicher. Letztlich ist der Aufstieg selbst das Abenteuer, nicht nur das Erreichen des Gipfels.

Zuerst lernen wir, wie es ist, am Fuße des Berges zu stehen. Später lernen wir die Hänge kennen und erst ganz zuletzt den Gipfel. Aber man kann nicht auf dem Gipfel eines Berges bleiben. Die Reise nach oben ist unvollständig ohne den Abstieg und ohne daß man zurücktritt und das Ganze von weitem noch einmal sieht. Doch nachdem wir auf dem Gipfel gewesen sind, haben wir eine neue Perspektive erworben, die unsere Art zu sehen für immer verändern kann.

In einer wundervollen unvollendeten Geschichte mit dem Titel «Mount Analogue» hat René Daumal dieses innere Abenteuer beschrieben. Am lebhaftesten erinnere ich mich an jenen Teil der Geschichte, in dem das Gesetz beschrieben wird, das auf dem Mount Analogue herrscht: Bevor man auf diesem Berg zur nächsten Bergstation aufbricht, muß man die Station, in der man sich aufgehalten hat, für die nachfolgenden Benutzer herrichten, und man muß ein Stück den Berg hinabgehen und die eigenen Erfahrungen anderen Bergwanderern mitteilen, so daß sie davon profitieren können.

In gewisser Weise ist dies genau das, was diejenigen unter uns, die lehren, tun. So gut wir können, erklären wir anderen, was wir selbst bisher erkannt und verstanden haben. Bestenfalls kann dies ein Bericht über unsere eigenen Fortschritte sein, eine Landkarte unserer Erfahrungen, jedoch niemals die absolute Wahrheit. Wir alle benötigen die Hilfe unserer Reisegefährten.

Verbundenheit

Es scheint, als wüßten wir von Kindheit an, daß alles mit allem verbunden ist, daß dies geschehen kann, weil jenes geschieht, daß jenes geschehen muß, damit dieses geschieht. Denken Sie nur an die vielen Volksmärchen, wie beispielsweise das vom Fuchs, der die Milch aus dem Eimer einer alten Frau trinkt, den diese nicht im Auge behalten hat, während sie Holz für ein Feuer sammelte. In einem Anfall von Wut schneidet sie daraufhin dem Fuchs den Schwanz ab. Der Fuchs bittet die Frau, ihm seinen Schwanz zurückzugeben, und diese sagt, sie werde ihm den Schwanz wieder annähen, wenn er ihr die Milch zurückgebe. Also geht der Fuchs zur Kuh im Stall und bittet sie um Milch. Die Kuh verspricht dem Fuchs, ihm die Milch zu geben, wenn er ihr Gras bringt. Deshalb geht der Fuchs zur Wiese und bittet sie um Gras, und die Wiese sagt: «Bringe mir Wasser, dann bekommst du Gras.» Der Fuchs geht zum Bach und bittet diesen um Wasser, und der Bach sagt: «Bringe mir ein Gefäß.» Und so weiter, bis schließlich ein freundlicher Müller dem Fuchs Getreide gibt, das er der Henne gibt, um ein Ei zu bekommen, welches er einem Hausierer gibt, damit er von diesem eine Halskette bekommt, die er der Magd gibt, um von ihr ein Gefäß zu bekommen, mit dem er das Wasser holt... So bekommt der Fuchs schließlich seinen Schwanz zurück und geht glücklich seines Wegs. Nichts geschieht ohne Grund. Alles hat Voraussetzungen. Selbst die Freundlichkeit des Müllers kam irgendwoher.

Dieses Prinzip gilt immer und überall. Keine Sonne, kein Leben. Kein Wasser, kein Leben. Keine Pflanzen, keine Photosynthese, kein Sauerstoff: Diese Beziehungen sind nicht immer einfach und linear. Gewöhnlich stellen sie ein komplexes Netz fein aufeinander abgestimmter Verbindungen dar. Leben, Organismen oder Biosphäre sind komplexe Systeme von Wechselbeziehungen ohne absoluten Anfangs- und Endpunkt.

Es ist sinnlos und gefährlich, wenn unser Denken Dinge oder Umstände zu absoluten separaten Wesenheiten macht und die Wechselbeziehungen und den Fluß der Dinge ignoriert. Wenn wir wahrnehmen, daß alles, womit wir in Berührung kommen, uns in jedem Augenblick mit der ganzen Welt verbindet und daß andere Lebewesen, selbst Orte und Umstände, nur zeitweilig hier sind, so bringt uns das vielleicht dazu, das Leben, andere Menschen, unsere Nahrung, Meinungen und Augenblicke stärker zu würdigen. Dadurch wird das Jetzt wesentlich interessanter. Man könnte sogar sagen, das Jetzt wird zum Alles.

Gewahrsein des Atems ist eine der Schnüre, an denen wir die Perlen unserer Erfahrungen, unserer Gedanken, unserer Gefühle, unserer Emotionen, unserer Wahrnehmungen, unserer Impulse, unseres Verstehens und unseres Bewußtseins aufreihen können. Die auf diese Weise entstehende Halskette ist etwas Neues – kein neues Ding, sondern eine neue Art zu sehen, eine neue

Art zu sein, eine neue Art zu erfahren, welche es ermöglicht, auf eine neue Art in der Welt zu handeln. Diese neue Art scheint zu verbinden, was getrennt zu sein scheint. In Wirklichkeit aber ist nie etwas isoliert gewesen, und deshalb braucht auch nichts miteinander verbunden zu werden. Unsere Art zu sehen ist es, die die Trennung hervorruft und aufrechterhält.

Diese neue Art zu sehen und zu sein ehrt jeden Augenblick in seiner spezifischen Fülle innerhalb einer größeren Fülle. Achtsamkeitspraxis ist nichts anderes als das unablässige Gewahrwerden der Verbundenheit aller Phänomene. Irgendwann werden wir vielleicht sogar erkennen, daß nicht *wir* die Perlen aufreihen. Eher ist es so, daß wir uns einer Verbundenheit bewußt werden, die immer existiert hat. Das Fließen des Atems und der Fluß der gegenwärtigen Augenblicke durchdringen einander; die Perlen und die Schnur ergeben zusammen etwas Größeres.

> Eines verschmilzt mit dem anderen, Gruppen gehen unmerklich in ökologische Gruppen über, bis das, was wir als Leben erkennen, sich mit dem berührt, was wir für Nicht-Leben halten, und in es eingeht: Muschel und Stein, Stein und Erde, Erde und Baum, Baum und Regen und Luft... Und es ist ein seltsam Ding, daß der Großteil des Gefühls, das wir das religiöse nennen, daß ein Hauptteil jenes mystischen Aufschreis, der eine der gepriesensten, ersehntesten und am meisten benutzten Reaktionen unserer Spezies darstellt, wahrhaftig das Verstehen und der Versuch ist auszusagen: Der Mensch ist in der Ganzheit verbunden, ist mit allem Seienden unlösbar verknüpft und verwandt: Alle Dinge sind ein Ding, und eines ist

alles, ist Plankton, die schimmernde Phosphoreszenz auf dem Meer, die kreisenden Planeten und ein sich weitendes Weltenall, und alle verbunden durch das elastische Band der Zeit.

John Steinbeck und Edward F. Ricketts,
«Im Golf von Kalifornien», *Logbuch des Lebens*

Nicht-Schaden

Ein Freund, der mehrere Jahre lang in Nepal und Indien gelebt hatte, sagte über sich selbst: «Wenn ich nichts Nützliches tun kann, so möchte ich zumindest so wenig Schaden wie möglich anrichten.»

Ahimsa, die Einstellung, nicht schaden zu wollen, bildet ebenso den Kern der Yoga-Übung wie des hippokratischen Eids, den alle Ärzte ablegen müssen. Sie war das Grundprinzip von Gandhis Revolution und dasjenige seiner persönlichen Meditationspraxis.

Die Idee, keinen Schaden anrichten zu wollen, ist eine gute Art, zur Welt und zu sich selbst in Beziehung zu treten. Was für einen Grund gibt es, *nicht* so zu leben, daß man so wenig Schaden und Leiden wie möglich verursacht? Wenn alle Menschen ihr Leben an diesem Prinzip orientierten, würde all die irrsinnige Gewalt verschwinden, die heute unser Leben und Denken beherrscht. Und wir würden auch großzügiger uns selbst gegenüber sein, auf dem Meditationskissen ebenso wie in unserem Alltagsleben.

Haben Sie manchmal das Gefühl, daß Sie sich selbst

gegenüber hart sind und sich selbst herabsetzen? Denken Sie in solchen Augenblicken an Ahimsa. Erkennen Sie Ihr Verhalten und lassen Sie es los.

Sprechen Sie über andere hinter deren Rücken? Ahimsa.

Treiben Sie sich häufig über Ihre eigenen Grenzen hinaus, ohne auf Ihren Körper und Ihr Wohlergehen zu achten? Ahimsa.

Verursachen Sie anderen Menschen Schmerz oder Kummer? Ahimsa.

Im Sinne von Ahimsa zu einem Menschen in Beziehung zu treten, der uns nicht bedroht, ist leicht. Entscheidend ist jedoch, wie Sie mit einem Menschen oder einer Situation umgehen, durch die Sie sich bedroht fühlen.

Die Bereitschaft zu schaden oder zu verletzen entspringt letztlich dem Gefühl der Angst. Nicht-Schaden zu praktizieren erfordert, daß Sie Ihre eigenen Ängste erkennen, verstehen und sich zu eigen machen. Sie sich zu eigen zu machen bedeutet, daß Sie die Verantwortung für sie übernehmen. Die Verantwortung zu übernehmen bedeutet, nicht zuzulassen, daß die Angst Ihre Sicht völlig beherrscht. Nur Achtsamkeit unserem eigenen Festhalten und Zurückweisen gegenüber und die Bereitschaft, mit diesen Geisteszuständen zu ringen, so schmerzhaft dies auch sein mag, kann uns aus dem Kreis des Leidens befreien. Ohne tägliche Verwurzelung in der Übung unterliegen hohe Ideale leicht dem Eigennutz.

> Ahimsa ist das Attribut der Seele und sollte deshalb von allen Menschen in allen Lebensumständen praktiziert werden. Wenn es nicht möglich ist, diese Hal-

tung in allen Lebensbereichen anzuwenden, ist sie nicht von praktischem Wert.

Mahatma Gandhi

Karma

Karma bedeutet, daß dies geschieht, weil zuvor jenes geschehen ist. B ist auf irgendeine Weise mit A verbunden; jeder Wirkung geht eine Ursache voraus, und jeder Ursache folgt eine Wirkung, die die Konsequenz von ersterer ist, zumindest sofern man die Ebene der Quantentheorie außer Betracht läßt. Wenn wir vom Karma eines Menschen sprechen, so meinen wir damit die Gesamtrichtung, die der oder die Betreffende in seinem/ihrem Leben eingeschlagen hat, und den Grundtenor der Dinge, die im Umfeld dieser Person geschehen, verursacht durch bereits bestehende Umstände, durch Handlungen, Gedanken, Gefühle, Sinneseindrücke und Wünsche. Karma wird häufig mit der Vorstellung eines unabänderlichen Schicksals verwechselt. Tatsächlich handelt es sich jedoch eher um eine Ansammlung von Tendenzen, die uns auf bestimmte Verhaltensmuster festlegen können, welche ihrerseits zu einer weiteren Ansammlung von Tendenzen ähnlicher Art führen. Es kann also leicht passieren, daß wir uns als Gefangene unseres Karmas sehen und meinen, daß die Ursache immer irgendwo anders liegt – daß andere Menschen der Grund sind und Voraussetzungen, auf die wir keinen Einfluß haben –, in keinem Fall jedoch wir selbst. Doch wir brauchen keine Gefangenen unseres Karmas zu sein. Karma läßt sich immer verändern. Wir können neues Karma schaffen – durch Übung der Achtsamkeit.

Wenn Sie meditieren, lassen Sie nicht zu, daß Ihre Impulse in Handlungen verwandelt werden. Beobachten Sie die Impulse lediglich. Sie erkennen schnell, daß alle Impulse im Geist auftauchen und sich wieder verflüchtigen, daß sie ein Eigenleben führen, daß sie nicht identisch mit Ihnen sind, sondern nichts weiter als Denken, und daß Sie sich von ihnen nicht beherrschen zu lassen brauchen. Indem Sie die Impulse nicht nähren oder nicht auf sie reagieren, können Sie ihre gedankliche Natur unmittelbar erkennen. Dieser Prozeß verbrennt destruktive Impulse im Feuer der Konzentration, des Gleichmuts und des Nicht-Tuns. Gleichzeitig werden kreative Impulse und Einsichten nicht mehr durch turbulente und destruktive verdrängt, sondern sie werden genährt, indem sie wahrgenommen und im Gewahrsein gehalten werden. So vermag Achtsamkeit die Verbindungen in der Kette der Handlungen und Konsequenzen umzugestalten, und indem sie dies tut, befreit sie uns und eröffnet uns neue Orientierungen, die uns durch die Augenblicke hindurchgeleiten, die wir Leben nennen. Ohne Achtsamkeit verfangen wir uns nur zu leicht in den starken Impulsen aus der Vergangenheit, ohne irgendein Bewußtsein für unser eigenes Gefangensein zu haben oder eine Möglichkeit, unserem Gefängnis zu entfliehen. Unser Dilemma scheint darin zu bestehen, daß wir vor allem sehen, welche Schuld die anderen oder die Welt tragen, so daß unsere eigenen Ansichten und Gefühle stets als gerechtfertigt erscheinen.

Bei meiner Arbeit in äußeren Gefängnissen kann ich die Ergebnisse «schlechten» Karmas aus nächster Nähe beobachten, wobei ich allerdings hinzufügen möchte, daß es außerhalb der Gefängnismauern diesbezüglich eigentlich ziemlich ähnlich zugeht. Jeder Häftling hat seine persönliche Geschichte darüber zu erzählen, wie in seinem Leben eine Sache zur anderen geführt hat. Vielen ist schleierhaft, was mit ihnen geschehen ist, was in ihrem Leben falsch gelaufen ist. Gewöhnlich ist es eine lange Kette von Ereignissen, die bei den Eltern und der Familie anfing, wobei Milieu, Armut und Gewalt wichtige Rollen gespielt haben, Vertrauen zu Menschen, denen man nicht vertrauen sollte, der Wunsch, die schnelle Mark zu verdienen, sowie Betäubung von Schmerz durch Alkohol und andere Mittel, die den Geist trüben und den Körper schädigen. All dies beeinflußt Gedanken und Gefühle, Handeln und Werte und läßt nur wenige Möglichkeiten offen, schmerzhafte, grausame, destruktive und selbstzerstörerische Impulse oder Tendenzen zu verändern oder auch nur zu erkennen.

Und so können wir innerhalb eines Augenblicks, zu dem alle vorangegangenen Augenblicke hingeführt haben, «den Verstand verlieren», eine unwiderrufliche Tat begehen und dann die Myriaden von Arten erleben, auf welche diese eine Tat zukünftige Augenblicke beeinflußt. Alles hat Konsequenzen, ob uns dies klar ist oder nicht, ob wir von der Polizei erwischt werden oder nicht. Wir werden in jedem Fall «erwischt» – vom Karma, das in unserem Tun wirkt. Wir alle errichten tagtäglich unsere eigenen Gefängnisse. Unüberprüfte Impulse – insbesondere diejenigen, die durch Gier und Haß gefärbt sind –, so gerechtfertigt, rational oder legal sie auch sein mögen, beschränken unseren Geist und unser Leben. Wir alle können Gefangene unablässigen Wollens sein, eines Geistes, der von Ideen und Meinungen umwölkt ist, an die wir uns klammern, als seien sie Wahrheiten.

Wenn wir unser Karma verändern wollen, müssen wir aufhören, jene Dinge zu tun, die Geist und Körper benommen machen und alle unsere Handlungen beeinflussen. Es bedeutet nicht, daß wir «gute Taten» vollbringen müssen, sondern nur, daß wir wissen, wer wir sind, und daß wir nicht mit unserem gegenwärtigen Karma identisch sind. Es bedeutet, daß wir uns damit aussöhnen, wie die Dinge tatsächlich sind. Es bedeutet, klar zu sein.

Doch wo sollen wir beginnen? Warum nicht mit unserem eigenen Geist? Schließlich ist er das Werkzeug, das alle unsere Gedanken und Gefühle, Impulse und Wahrnehmungen in äußere Handlungen übersetzt. Wenn Sie die äußere Aktivität eine Zeitlang unterbrechen und üben, still zu sein, hier, in diesem Augenblick, unterbrechen Sie auch den Fluß des alten Karma und erzeugen ein völlig neues und besseres Karma. Dies ist die Wurzel der Veränderung, der potentielle Wendepunkt des Lebens.

Der Akt des Innehaltens, des Nährens von Augenblicken des Nicht-Tuns, des schlichten Beobachtens bringt Sie in eine völlig andere Position hinsichtlich der Zukunft. Denn nur dann, wenn wir vollständig in diesem Augenblick sind, kann uns irgendein zukünftiger Augenblick tieferes Verstehen, mehr Klarheit und mehr Güte bringen, nur dann werden wir in geringerem Maße von Angst oder Verletztheitsgefühlen und stärker von Würde und einer akzeptierenden Haltung bestimmt werden. Nur was jetzt geschieht, geschieht später. Wenn jetzt keine Achtsamkeit, kein Gleichmut und kein Mitgefühl da sind, in der einzigen Zeit, die wir haben, um damit in Kontakt zu treten und uns selbst zu nähren, wie wahrscheinlich ist es dann, daß sie auf magische Weise später, unter Streß oder Zwang, da sein werden?

Die Vorstellung, daß die Seele in der Ekstase aufgehen wird,
nur weil der Körper vergeht –
das ist reine Phantasie.
Was jetzt ist, wird auch dann sein.

Kabir

Ganzheit und Einssein

Wenn wir mit dem Ganzsein in Kontakt sind, fühlen wir uns eins mit allem. Wenn wir uns mit allem eins fühlen, fühlen wir uns ganz.

Wenn wir still sitzen oder liegen, können wir uns in jedem Augenblick aufs neue mit unserem Körper verbinden, den Körper transzendieren, mit dem Atem verschmelzen, mit dem Universum, uns selbst als Ganzes und eingebettet in immer umfassendere Ganzheiten erfahren. Eine Ahnung von der Verbundenheit aller Dinge führt zu einem tiefen Wissen um Zugehörigkeit, zu dem Gefühl, daß wir ein wichtiger Teil des Ganzen sind, daß wir überall, wo wir sind, zu Hause sind. Auf diese Weise erhaschen wir einen Blick in die uralte Zeitlosigkeit jenseits von Geburt und Tod und erfahren gleichzeitig die flüchtige Kürze dieses Lebens, die Unbeständigkeit unserer Verbindungen zu unserem Körper, zu diesem Augenblick, zu anderen Menschen. Die direkte Erfahrung unserer Ganzheit in der Meditation läßt uns mit den Dingen, so wie sie sind, ins reine kommen, unser Verständnis und unser Mitgefühl vertiefen und Qual und Verzweiflung verringern.

Ganzheit ist die Wurzel dessen, was die Wörter «Gesundheit», «Heilung» und «Körper» in unserer Sprache und in unserer Kultur bezeichnen. Wenn wir unsere wesenseigene Ganzheit erkennen, gibt es wahrlich keinen Ort mehr, an den wir gehen müßten, und es gibt nichts mehr, was wir tun müßten. Es steht uns dann frei, einen Pfad zu wählen. Stille wird dann für uns beim Tun ebenso wie beim Nicht-Tun erreichbar. Wir finden sie zu jeder Zeit in uns, und wenn wir sie berühren, sie kosten, ihr zuhören, kann der Körper nicht anders, als sie ebenfalls zu berühren, sie zu kosten und ihr zuzuhören und, indem er dies tut, loszulassen. Und auch der Geist hört zu und erlebt dann zumindest einen Augenblick des Friedens. Offen und aufnahmebereit finden wir Gleichgewicht und Harmonie hier, auf der Stelle, da aller Raum in diesen Ort eingefaltet ist und alle Augenblicke in diesen Augenblick eingebettet sind.

> Gewöhnliche Menschen hassen die Einsamkeit,
> doch der Meister nutzt sie,
> umarmt sein Alleinsein und erkennt,
> daß er eins ist mit dem gesamten Universum.
>
> Lao-tzu, *Tao-te ching*

> Der Friede zieht in die Seelen der Menschen ein, wenn sie ihre Einheit mit dem Universum erkennen.
>
> Schwarzer Hirsch

Siddhartha lauschte. Er war nun ganz Lauscher, ganz ins Zuhören vertieft, ganz leer, ganz einsaugend, er fühlte, daß er nun das Lauschen zu Ende gelernt habe. Oft schon hatte er all dies gehört, diese vielen Stimmen im Fluß, heute klang es neu. Schon konnte er die vielen Stimmen nicht mehr unterscheiden, nicht frohe von weinenden, nicht kindliche von männlichen, sie gehörten alle zusammen, Klage der Sehnsucht und Lachen des Wissenden, Schrei des Zorns und Stöhnen der Sterbenden, alles war eins, alles war ineinander verwoben und verknüpft, tausendfach verschlungen. Und alles zusammen, alle Stimmen, alle Ziele, alles Sehnen, alle Leiden, alle Lust, alles Gute und Böse, alles zusammen war die Welt. Alles zusammen war der Fluß des Geschehens, war die Musik des Lebens. Und wenn Siddhartha aufmerksam diesem Fluß, diesem tausendstimmigen Liede lauschte, wenn er nicht auf das Leid noch auf das Lachen hörte, wenn er seine Seele nicht an irgendeine Stimme band und mit seinem Ich in sie einging, sondern alle hörte, das Ganze, die Einheit vernahm, dann bestand das große Lied der tausend Stimmen aus einem einzigen Wort...

Hermann Hesse, *Siddhartha*

Ich bin weiträumig, enthalte Vielheit.

Walt Whitman,
«Gesang von mir selbst»,
Grashalme

Ganzheit, die direkt erfahren wird, ist unendlich vielfältig, spiegelt sich und ist eingebettet in alles Spezielle, ähnlich dem Netz der Hindu-Göttin Indra, einem Symbol für das Universum, an dessen Kreuzpunkten sich Juwelen befinden, die die Spiegelungen des gesamten Netzes einfangen und somit das Ganze in sich enthalten. Manche würden uns gerne dazu bringen, gemeinsam am Altar der Einheit zu beten, doch würde das bedeuten, daß wir mit der *Idee* der Einheit vorliebnähmen, statt uns permanent direkt mit ihr zu konfrontieren, daß sie wie eine Dampfwalze alle Unterschiede einebnen würde. Doch gerade in der Einzigartigkeit des Dies und Das, in ihrer Individualität und ihren besonderen Eigenschaften – in ihrer Besonderheit und Soheit –, liegen alle Poesie und Kunst, alle Wissenschaft und alles Leben, alles Wunderbare, alle Anmut und aller Reichtum.

Alle Gesichter ähneln einander, und doch sehen wir ohne Schwierigkeiten ihre Einzigartigkeit, ihre Individualität, eine Identität. Diese Unterschiede sind uns wichtig. Das Meer ist ein Ganzes, aber es hat zahllose Wellen, die sich voneinander unterscheiden; es gibt darin Strömungen, die alle einzigartig und ständiger Veränderung unterworfen sind. Der Meeresgrund ist eine völlig eigene Landschaft, die überall anders ist, und dasselbe gilt für die Küste. Die Atmosphäre ist ein Ganzes, aber die einzelnen Luftströmungen haben einzigartige Charakteristika, auch wenn sie letztlich nur Wind sind. Das Leben auf der Erde ist ein Ganzes, und doch drückt es sich in einzigartigen, zeitgebundenen Körpern aus, mikroskopischen oder sichtbaren, pflanzlichen oder tierischen, erloschenen oder lebenden. Es kann also nicht nur einen einzigen Ort zu sein geben. Es kann nicht nur eine einzig richtige Art zu sein geben, eine einzig richtige Art zu üben, eine einzig mögliche Art zu lernen, eine einzig mögliche Art zu lieben, zu wachsen oder zu heilen, zu leben, zu fühlen, und auch nicht nur eine einzige Sache, die zu wissen es gilt oder die wir kennen müssen. Was zählt, sind die Einzelheiten.

Der Mann, der Radieschen aus dem Boden zog,
wies den Weg
mit einem Radieschen.

Issa

Alter Teich,
Frosch springt rein –
platsch.

Basho

Mitternacht. Keine Wellen,
kein Wind, das leere Boot,
vom Mondlicht überflutet.

Dogen

Was ist das?

In welchem Geist Fragen gestellt werden, ist wesentlich für ein achtsames Leben. Fragen ist nicht nur eine Art, Probleme zu lösen. Es ist eine Methode, die dazu dient, sicherzustellen, daß wir mit dem grundlegenden Geheimnis des Lebens selbst und unserer Gegenwart hier in Kontakt sind. Wer bin ich? Wohin gehe ich? Was bedeutet es zu sein? Was bedeutet es, ein Mann, eine Frau, ein Kind, ein Vater oder eine Mutter zu sein? Was heißt es, Studentin, Arbeiter, Chefin, Strafgefangener, Obdachloser zu sein? Was ist mein Karma? Wo befinde ich mich jetzt? Was ist mein Weg? Was ist meine Aufgabe auf diesem Planeten?

Zu fragen bedeutet nicht, nach Antworten Ausschau zu halten, insbesondere nicht nach schnellen Antworten, die dem oberflächlichen Denken entspringen. Es bedeutet vielmehr zu fragen, ohne Antworten zu erwarten, einfach nur über die Frage nachzudenken, das Fragen ständig mit sich herumzutragen, es alles durchdringen, sprudeln, kochen, reifen zu lassen, es in das Gewahrsein ein- und austreten zu lassen, genauso wie alles andere in das Gewahrsein eintritt und wieder daraus verschwindet.

Sie brauchen nicht innerlich still zu sein, um auf diese Weise fragen zu können. Fragen und Achtsamkeit können in der Entfaltung Ihres Alltagslebens gleichzeitig geschehen. Tatsächlich sind Fragen und Achtsamkeit ein und dasselbe, dem man sich aus unterschiedlichen Richtungen nähert. Sie können nachdenken über die Frage «Was bin ich?» oder «Was ist das?» oder «Wohin gehe ich?» oder «Was ist meine Aufgabe?», während Sie Ihr Auto reparieren, zur Arbeit gehen, Geschirr spülen oder an einem sternenklaren Frühlingsabend Ihrer Tochter beim Singen zuhören.

Probleme verschiedenster Art und Größe treten im Leben unentwegt auf. Sie können trivial, tiefgründig oder überwältigend sein. In jedem Fall geht es darum, ihnen mit einer fragenden Haltung zu begegnen, im Geiste der Achtsamkeit. Das würde bedeuten zu fragen: «Was ist dieser Gedanke, dieses Gefühl, dieses Dilemma?» – «Wie soll ich damit umgehen?» Oder sogar: «Bin ich bereit, mich mit diesem Problem auseinanderzusetzen oder auch nur anzuerkennen, daß es existiert?»

Der erste Schritt besteht darin, anzuerkennen, daß da überhaupt ein Problem *ist*, was bedeutet, daß eine Belastung oder Spannung oder Disharmonie irgendeiner Art vorliegt. Es kann sein, daß wir vierzig oder fünfzig Jahre brauchen, um uns auch nur die Existenz einiger der großen Dämonen, die wir mit uns herumtragen, einzugestehen. Aber vielleicht ist auch das in Ordnung. Wir brauchen bei unseren Fragen keinen Zeitplan einzuhalten. Wichtig ist, Fragen zu stellen, immer und immer wieder.

Haben wir den Mut, uns etwas anzuschauen, was auch immer es sein mag, und zu untersuchen, was es ist? Was geht vor? Dies bedeutet, über längere Zeit tief in etwas hineinzuschauen. Was ist nicht in Ordnung? Was ist die Wurzel des Problems? Welche Beweise gibt es dafür? Welche Verbindungen bestehen? Wie würde eine glückliche Lösung aussehen? Fragen und immer wieder Fragen, unentwegtes Hinterfragen.

Fragen ist weniger ein Nachdenken über Antworten, obgleich das Hinterfragen viele Gedanken hervorrufen wird, die wie Antworten aussehen. Tatsächlich geht es jedoch darum, einfach dem Denken zuzuhören, das die Fragen auslöst, als würden Sie am Ufer des Flusses Ihrer eigenen Gedanken sitzen und zuhören, wie das Wasser über Steine hinweg und um sie herum fließt, und dabei hören und beobachten Sie, wie die Wellen gelegentlich ein Blatt oder einen Zweig weitertragen.

Selbsten

> Der wahre Wert eines Menschen ist in erster Linie dadurch bestimmt, in welchem Grad und in welchem Sinn er zur Befreiung vom Ich gelangt.
>
> Albert Einstein, *Mein Weltbild*

«Ich» und «mein» sind Produkte unseres Denkens. Mein Freund Larry Rosenberg vom Insight Meditation Center in Cambridge (USA) nennt diese unvermeidliche und unkorrigierbare Tendenz, in fast jeder Situation ein «Ich» und ein «Mein» zu konstruieren und von dieser eingeschränkten Sicht aus in der Welt zu agieren, «Selbsten» *(selfing)*. Kaum ein Augenblick vergeht, in dem dies nicht geschieht, doch sind wir uns dessen kaum bewußt, ähnlich dem sprichwörtlichen Fisch, der nichts von der Existenz des Wassers weiß, obwohl er sich ständig darin befindet. In praktisch jedem Augenblick und bei jeder Erfahrung kreiert unser Denken ein «Mein»: «mein» Augenblick, «mein» Erlebnis, «mein» Kind, «mein» Hunger, «mein» Verlangen, «meine» Meinung, «mein» Weg, «meine» Autorität, «meine» Zukunft, «mein» Wissen, «mein» Körper, «mein» Geist, «mein» Haus, «mein» Land, «meine» Idee, «meine» Gefühle, «mein» Auto, «mein» Problem.

Wenn Sie diesen Prozeß des Selbstens mit anhaltender Aufmerksamkeit beobachten und hinterfragen, werden Sie merken, daß das, was wir «das Selbst» nennen, in Wahrheit ein Konstrukt unseres Geistes ist, das nicht von Dauer ist. Wenn Sie nach einem stabilen, unteilbaren Selbst Ausschau halten, nach dem Kern-Ich, das

«Ihrem» Erleben zugrunde liegt, werden Sie wahrscheinlich nichts weiter als noch mehr Gedanken finden. Sie könnten sagen, daß Sie Ihr Name sind, aber das ist nicht ganz zutreffend. Ihr Name ist lediglich ein Etikett. Dasselbe gilt für Ihr Alter, Ihr Geschlecht, Ihre Meinung usw. Nichts von alldem ist von grundlegender Bedeutung dafür, wer Sie sind.

Wenn Sie auf diese Weise fragen und so weit, wie Sie können, dem Faden folgen, der Sie zu dem hinführt, der Sie sind und was Sie sind, so werden Sie mit fast hundertprozentiger Sicherheit feststellen, daß es dort keinen sicheren Ort gibt, an dem Sie verweilen könnten. Wenn Sie fragen: «Wer ist jenes Ich, das fragt, wer ich bin?», werden Sie zu der Feststellung gelangen: «Ich weiß es nicht.» Das Ich erscheint als ein Konstrukt, das sich anhand seiner Attribute identifizieren läßt, von denen jedoch keines, weder einzeln noch im Zusammenhang mit allen anderen, die ganze Person ausmacht. Überdies tendiert das Konstrukt «Ich» dazu, sich ständig aufzulösen und wieder neu zu formieren, Augenblick für Augenblick. Außerdem hat es auch die starke Neigung, sich herabgesetzt, klein, unsicher und ungeschützt zu fühlen, da seine Existenz so flüchtig ist. Dies macht die Tyrannei und das Leiden, die durch mangelndes Gewahrsein dessen entstehen, wie sehr wir in «ich» und «mein» verfangen sind, um so schlimmer.

Außerdem tendiert das Ich dazu, sich gut zu fühlen, wenn die äußeren Umstände seinen Glauben an sein eigenes Gutsein unterstützen, und es fühlt sich schlecht, wenn es Kritik und Schwierigkeiten ausgesetzt ist und wenn es Dinge erlebt, die es als Behinderungen und Niederlagen versteht. Darin liegt vielleicht die wichtigste Ursache für die geringe Selbstachtung, unter der so viele Menschen leiden. Wir versuchen unentwegt, durch äußere Belohnung, materiellen Besitz und die Liebe anderer Menschen innere Stabilität zu erlangen. Auf diese Weise erhalten wir unser Selbst-Konstrukt aufrecht. Doch trotz aller ichaufbauenden Aktivität kann es passieren, daß sich ein Gefühl dauerhafter Stabilität im eigenen Sein nicht einstellt, ebensowenig Geistesruhe. Buddhisten würden vielleicht sagen, daß das so ist, weil es kein absolutes abgetrenntes «Ich» gibt, sondern nur den Prozeß der ununterbrochenen Erzeugung eines Ich oder ein «Selbsten». Wenn wir den Prozeß des «Selbstens» als eine tiefverwurzelte Gewohnheit begreifen und uns dann die Erlaubnis geben könnten, aufzuhören, so angestrengt zu versuchen, «jemand» zu sein, und statt dessen das *Sein* zu erleben, dann wären wir vielleicht wesentlich glücklicher und entspannter.

Eines der bekanntesten New-Age-Mißverständnisse hinsichtlich der Meditationsübung ist die Behauptung: «Sie müssen ein Jemand sein, bevor Sie ein Niemand werden können.» Das heißt, daß man zunächst ein stabiles Ich-Gefühl entwickeln müßte, bevor man sich daran machen könnte, die Leerheit des «Nicht-Selbst» zu erforschen. Nicht-Selbst bedeutet jedoch nicht, ein Niemand zu sein. Vielmehr, daß alles von allem anderen abhängig ist und daß es kein isoliertes, unabhängiges Kern-Ich gibt. Wir sind nur wir selbst in Beziehung zu anderen Kräften und Ereignissen auf der Welt – einschließlich unserer Eltern, unserer Kindheit, unserer Gedanken und Gefühle, äußerer Ereignisse, der Zeit usw. Überdies sind wir alle ohnehin bereits «Jemand». Wir sind bereits die, die wir sind. Aber wir sind nicht unser Name, unser Alter, unsere Kindheit, unsere

Überzeugungen, unsere Ängste. All dies sind Teile des Ganzen, nicht jedoch das Ganze selbst.

Wenn wir also davon sprechen, daß es wichtig ist, nicht so angestrengt zu versuchen, «jemand» zu sein, und statt dessen einfach das Sein direkt zu erleben, so bedeutet dies, daß wir da anfangen müssen, wo wir uns befinden. Meditation bedeutet nicht, ein Niemand oder ein kontemplativer Zombie zu werden, der unfähig ist, in der realen Welt zu leben und sich mit realen Problemen auseinanderzusetzen. Vielmehr geht es darum, Dinge so zu sehen, wie sie sind, ohne die Verzerrungen unserer eigenen Gedankenprozesse. Dies erreichen wir teilweise, indem wir uns vergegenwärtigen, daß alles mit allem verbunden ist und daß unser konventionelles Gefühl, ein Selbst zu «haben», zwar in vielerlei Hinsicht hilfreich, jedoch nicht absolut real oder fest oder dauerhaft ist.

Wir können damit beginnen, Geschehnisse weniger persönlich zu nehmen. Wenn etwas geschieht, so versuchen Sie, es einmal nur so zum Spaß *nicht* auf sich selbst zu beziehen. Vielleicht ist es einfach so passiert. Vielleicht hat es nicht das Geringste mit Ihnen zu tun. Beobachten Sie in solchen Augenblicken Ihren Geist. Verfängt er sich in «ich-dies» und «mein-das»? Fragen Sie sich: «Wer bin ich?» oder: «Was ist dieses Ich, das den Besitzanspruch erhebt?»

Nur Gewahrsein kann helfen, die Tendenz zur ständigen Selbst- bzw. Ich-Konstruktion und die Wirkung des «Selbstens» zu verringern. Bedenken Sie außerdem, daß das Selbst unbeständig ist. Wenn Sie an irgend etwas festzuhalten versuchen, das mit Ihnen zu tun hat, so wird es sich Ihnen entziehen. Es ist unmöglich, es festzuhalten, weil es sich ständig verändert, weil es vergeht und wieder neu entsteht, den Umständen des speziellen Augenblicks entsprechend. Dadurch wird das Ichgefühl zu dem, was man in der Chaostheorie als *strange attractor* bezeichnet, ein Muster, das einerseits Ordnung verkörpert, jedoch gleichzeitig auch ungeordnet ist. Es wiederholt sich nie. Jedesmal, wenn Sie hinschauen, ist es ein wenig anders.

Die nichtfaßbare Natur eines konkreten, dauerhaften, unveränderlichen Ich sollte für uns alle ein Grund zur Freude sein, denn sie beinhaltet, daß wir aufhören können, uns so wichtig zu nehmen, und daß wir uns von dem Druck befreien können, die Einzelheiten unseres Privatlebens zum Dreh- und Angelpunkt des Universums zu machen.

Wut

Ein Ausdruck völliger Verzweiflung und ein stummes Flehen, daß ich nicht wütend werden möge, breiten sich über das Gesicht meiner elfjährigen Tochter, als ich eines Sonntagmorgens vor dem Haus ihrer Freundin aus dem Auto steige. Dieser Eindruck dringt zwar in mein Gewahrsein vor, ist jedoch nicht so stark, daß er den Ärger und die Wut über die Unpünktlichkeit der Freundin zu zügeln vermag. Meine Tochter befürchtet, daß ich vor anderen Leuten einen Wutanfall bekommen könnte. Der emotionale Impuls, den ich in diesem Augenblick empfinde, ist zu stark, als daß ich innehalten und mich davon distanzieren könnte, obgleich ich mir später wünsche, ich hätte genau das getan. Hätte ihr Blick in jenem Augenblick mich nur zum Innehalten gebracht, hätte er mich angerührt und mein Augenmerk auf das gelenkt, was wirklich wichtig war – nämlich ihr Gefühl, sich auf mich verlassen und mir vertrauen zu können, statt fürchten zu müssen, daß ich sie enttäuschen oder ihre gerade erwachende Sensibilität für soziale Beziehungen mißachten könnte. Doch ich bin in diesem Moment zu sehr darüber aufgebracht, von ihrer Freundin manipuliert worden zu sein, die zu einem bestimmten Zeitpunkt abfahrbereit sein sollte, es aber nun nicht ist.

Ich habe mich in einem Strudel selbstgerechter Entrüstung verfangen. Mein «Ich» möchte nicht, daß man es warten läßt, daß irgend jemand es ausnutzt. Mit sichtlichem Verdruß und innerlich kochend erkundige ich mich bei der noch schläfrigen Mutter der Freundin nach dem Grund für die Verspätung, die letztlich nicht der Rede wert ist. Wäre ich in der Lage gewesen, jenen Ausdruck auf dem Gesicht meiner Tochter schnell genug zu deuten, um völlig gegenwärtig zu sein, so wäre meine Wut augenblicklich verflogen.

Wir zahlen einen ansehnlichen Preis für unsere «Rechthabereien». Meine vorübergehende Stimmungslage ist weit weniger wichtig als das Vertrauen meiner Tochter. In jenem Augenblick wurde ihr Vertrauen in mich erschüttert. Wenn es uns an Umsicht und Gewahrsein mangelt, können unbedeutende Gefühlszustände den Augenblick beherrschen. Der Schmerz, den wir anderen und uns selbst dann bereiten, läßt unsere Seele bluten. So schwer es uns auch fallen mag, es uns einzugestehen: Wut ist etwas, worin man schwelgen kann, und wir geben uns diesem Gefühl nur zu oft hin.

Übung: Beobachten Sie, wie Sie in Situationen reagieren, die Sie ärgern oder die Sie wütend machen. Bedenken Sie, daß Sie, indem Sie zulassen, daß etwas Sie wütend «macht», Ihre Macht an andere abgeben. Solche Situationen sind gute Gelegenheiten, mit Achtsamkeit zu experimentieren. Betrachten Sie die Achtsamkeit als einen Topf, in den Sie Ihre Gefühle hineingeben, sie langsam «gar kochen» lassen und sich dabei in Erinnerung rufen, daß Sie im Augenblick nichts zu tun brauchen. Sobald die Emotionen «gar» sind, werden Sie sie besser verdauen und verstehen.

Beobachten Sie, inwiefern Ihre Gefühle darauf beruhen, wie Ihr Geist die Dinge sieht, und vergegenwärtigen Sie sich, daß diese Sicht möglicherweise nicht den ganzen Zusammenhang berücksichtigt. Können Sie davon absehen, darauf zu beharren, daß Ihre Position entweder richtig oder falsch sein muß? Sind Sie geduldig und mutig genug zu erforschen, was geschieht, wenn Sie immer stärkere Gefühle in den Topf der Achtsamkeit hineingeben, sie darin bewahren und sie garen lassen, statt sie nach außen zu projizieren und die Welt zu zwingen, so zu sein, wie Sie sie gerne hätten? Diese Übung ermöglicht es Ihnen, sich auf neuartige Weise kennenzulernen und sich von alten, abgenutzten und begrenzenden Sichtweisen zu befreien.

Elternschaft als Übung

Ich fing an zu meditieren, als ich Anfang Zwanzig war. Damals war ich hinsichtlich meiner Zeit noch relativ flexibel und konnte deshalb gelegentlich an zehntägigen oder zweiwöchigen Meditationskursen teilnehmen. Diese Veranstaltungen waren so organisiert, daß die Teilnehmer sich jeden Tag vom frühen Morgen bis spätabends ausschließlich dem achtsamen Sitzen und Gehen widmeten, unterbrochen durch ein paar köstliche vegetarische Mahlzeiten.

Mir gefielen diese Kurse sehr, weil sie es mir ermöglichten, alles andere in meinem Leben zeitweilig auszuschalten, mich an einen angenehmen und friedvollen Ort auf dem Lande zu begeben, wo für mich gesorgt wurde, und dort ein einfaches, kontemplatives Leben zu führen, wobei das einzige wirkliche Ziel war, zu üben, zu üben und zu üben.

Als meine Frau und ich beschlossen, Kinder zu bekommen, wußte ich, daß ich diese Kurse für eine Weile völlig aufgeben oder die Teilnahme daran zumindest stark einschränken mußte. Doch gleichzeitig ging mir auf, daß man das Aufziehen von Kindern ebenfalls als eine Meditations-Einkehr verstehen kann – denn meine neue Rolle beinhaltete die meisten wichtigen Merkmale einer inneren Einkehr, abgesehen von der Ruhe und Einfachheit.

Was auf mich zukam, sah ich wie folgt: Ich könnte jedes Baby als einen kleinen Buddha oder als einen Zen-Meister ansehen, als persönlichen Achtsamkeitslehrer, der plötzlich in mein Leben eintrat und dessen Gegenwart und Aktivitäten mich herausfordern, alle meine Überzeugungen in Frage stellen und mir dadurch ständig Gelegenheiten geben würden zu erkennen, wo ich an etwas haftete, und diese Anhaftung könnte ich dann loslassen. Bei jedem Kind wäre dies mindestens ein 18-Jahre-Rückzug, während dessen mir praktisch keine Zeit bleiben würde, mich anders als gut zu verhalten. Er würde unentwegt Akte der Selbstlosigkeit und Herzensgüte von mir fordern. Mein Leben, das bis zu jenem Zeitpunkt im wesentlichen darin bestanden hatte, mich um meine persönlichen Bedürfnisse und Sehnsüchte zu kümmern, würde sich nun sehr stark verändern. Vater zu werden war in meinem bisherigen Erwachsenenleben eindeutig die größte Transformation. Diese Aufgabe gut zu erfüllen würde mir eine Klarheit der Sicht und eine Fähigkeit des Loslassens und Seinlassens abverlangen wie noch nie zuvor.

Beispielsweise fordern Babys ständig Aufmerksamkeit. Ihre Bedürfnisse müssen nach ihrem Zeitplan, nicht nach dem unseren erfüllt werden, und zwar jeden Tag, nicht nur dann, wenn es uns paßt. Am wichtigsten ist jedoch, daß Babys und Kinder die volle Präsenz ihrer Eltern brauchen, um wachsen und gedeihen zu können. Man muß sie auf dem Arm halten, je mehr, desto besser, man muß mit ihnen spazierengehen, ihnen etwas vorsingen, sie schaukeln, mit ihnen spielen, sie trösten, sie manchmal spätabends oder frühmorgens füttern, obwohl man sich völlig erschöpft fühlt und nichts weiter will als schlafen oder man dringende Verpflichtungen anderswo erfüllen muß. Die tiefen und sich ständig verändernden Bedürfnisse von Kindern sind für Eltern ausgezeichnete Gelegenheiten, völlig präsent zu sein, statt auf Automatik zu schalten, bewußt in Beziehung zu treten, das Sein in einem Kind zu spüren und von seiner pulsierenden Vitalität und Reinheit die eigene wecken zu lassen. Mir erschien die Elternrolle als eine ausgezeichnete Möglichkeit, die Achtsamkeit zu vertiefen, sofern es mir gelänge, die Kinder und die Familie zu meinen Lehrern zu machen und daran zu denken, den Lektionen des gemeinsamen Lebens, die schnell und stürmisch über mich hereinbrechen würden, mit Achtsamkeit zu begegnen.

Wie bei jeder langen Einkehr gab es auch beim Aufziehen der Kinder leichtere und schwierigere Perioden, wundervolle und schmerzhafte Augenblicke. Während dieser ganzen Zeit hat das Prinzip, die gesamte Situation als eine Meditations-Einkehr anzusehen und die Kinder und die Familiensituation als meine Lehrer zu betrachten, seinen Wert immer wieder bewiesen. Elternschaft erfordert ständigen Bereitschaftsdienst. In den ersten Jahren hat man das Gefühl, eine Vollzeitbeschäftigung für ungefähr zehn Personen zu zweit oder manchmal sogar allein bewältigen zu müssen. Natürlich gibt es keinerlei Handbuch, in dem man nachlesen kann, wie man dabei am besten vorgeht. Die Elternrolle gut zu erfüllen ist die härteste Arbeit auf der Welt, und die meiste Zeit über weiß man nicht einmal, ob man seine Arbeit gut macht, ja nicht einmal, was es bedeutet, sie gut zu machen.

Die Kinder bringen Sie ständig an Ihre Grenzen, um herauszufinden, wie die Welt beschaffen ist und wer sie selbst sind. Und während sie heranwachsen und sich entwickeln, verändern sie sich. Sobald Sie herausgefunden haben, wie Sie sich in einer bestimmten Situation am besten verhalten, wachsen die Kinder daraus heraus und in eine neue hinein, mit der Sie sich noch nie beschäftigt haben. Sie müssen unentwegt achtsam und präsent sein, damit Sie nicht bei einer Sicht der Dinge bleiben, die bereits überholt ist. Es gibt keine maßgeschneiderten Antworten und keine einfachen Formeln, die beschreiben, wie man sich in der Elternrolle «richtig» verhält. Deshalb befinden Sie sich die meiste Zeit über in Situationen, die kreatives Verhalten erfordern; gleichzeitig müssen Sie eine Vielzahl von Aufgaben erfüllen, die sich unentwegt wiederholen.

Wenn das Kind älter wird, werden die Anforderungen noch größer, weil es dann seine eigenen Vorstellungen und einen starken Willen entwickelt. Die Liste der Situationen, in denen Ihr Gleichmut und Ihre Klarsicht gründlich auf die Probe gestellt werden und in denen Sie fürchten müssen, den Überblick zu verlieren, ist unendlich lang. Es gibt keine Ausflucht, kein Sichverbergen, keine Verstellung. Ihre Kinder sehen alles von innen und in Nahaufnahme: Ihre Eigenarten, Besonderheiten, Ihre Mängel, Ihre Widersprüchlichkeiten und Ihre Mißerfolge.

Diese Prüfungen sind keine Behinderungen der Elternrolle und der Achtsamkeitspraxis, sondern sie *sind* die Praxis, wenn Sie in der Lage sind, es auf diese Weise zu sehen. Andernfalls kann Ihr Leben als Mutter oder als Vater zu einer langwierigen und unbefriedigenden Bürde werden; ein Mangel an Kraft und Klarheit der Orientierung kann bewirken, daß Sie vergessen, das grundlegende Gutsein Ihrer Kinder und Ihrer selbst zu würdigen oder auch nur zu sehen. Kinder tragen leicht Verletzungen und Beeinträchtigungen davon, wenn ihre Bedürfnisse und ihre innere Schönheit nicht auf angemessene Weise gewürdigt werden. Durch solche Verletzungen entstehen für sie und für die Familie weitere Probleme – Probleme bezüglich des Selbstvertrauens und der Selbstachtung, der Kommunikation und Kompetenz, Probleme, die nicht von selbst wieder verschwinden, wenn die Kinder älter werden, sondern die sich dann gewöhnlich stärker artikulieren. Als Eltern sind wir manchmal nicht aufmerksam genug, um die Anzeichen für Beeinträchtigungen oder Verletzungen zu sehen und dann darauf hinzuarbeiten, daß sie heilen können, denn sie sind ja zumindest teilweise gerade durch uns oder durch unseren Mangel an Gewahrsein entstanden. Oft leugnen wir diese Störungen auf subtile Weise oder schreiben sie anderen Ursachen zu und sprechen uns so innerlich von der Verantwortung los, die wir in Wahrheit dafür tragen.

Natürlich brauchen Eltern, wenn sie so viel Energie nach außen richten müssen, hin und wieder selbst Energie aus einer nährenden und belebenden Quelle. Doch woher könnte diese Energie kommen? Ich kann mir nur zwei Quellen dafür vorstellen: *äußere* Unterstützung durch den Partner, durch andere Familienmitglieder, Freunde, Babysitter usw. und dadurch, daß man zumindest gelegentlich Dinge tut, die man gern tut; zweitens *innere* Unterstützung, die Sie in der formellen Meditationsübung finden können, sofern Sie sich nur ein wenig Zeit in Ihrem Leben für die Stille nehmen, dafür, einfach nur zu sein, einfach nur zu sitzen oder ein wenig Yoga zu üben, um sich selbst dringend notwendige Nahrung zuzuführen.

Ich meditiere früh am Morgen, weil es nur zu dieser Tageszeit im Haus ruhig ist und niemand meine Aufmerksamkeit beansprucht. Doch als unsere Kinder noch Babys waren, waren selbst die frühen Morgenstunden nicht «sicher». Sie schienen irgendwie zu spüren, wann ich aufstand und wachten dann ebenfalls auf. An manchen Tagen mußte ich die Zeit, die ich allein verbringen wollte, auf vier Uhr morgens vorverlegen, um überhaupt ein wenig sitzen oder Yoga üben zu können. Zu anderen Zeiten war ich zu erschöpft, um mich der Meditationsübung zuwenden zu können, und es erschien mir wichtiger, ein wenig zu schlafen. Manchmal saß ich auch einfach mit dem Baby auf dem Schoß da und ließ das Kind entscheiden, wie lange ich so sitzen bleiben würde. Es gefiel ihnen offensichtlich, in die Meditationsdecke eingewickelt zu werden, so daß nur der Kopf daraus hervorguckte, und oft blieben sie dabei über längere Zeit ruhig, während ich nicht meinem eigenen Atem, sondern unserem Atem folgte.

Ich hatte damals sehr stark das Gefühl – und habe es immer noch –, ihnen durch das Gewahrsein meines Körpers und meines Atems und unseres engen Kontakts die Ruhe und das Gefühl der Stille und des Akzeptierens vermitteln zu können. Und ihre innere Entspannung, die wesentlich stärker und reiner als meine eigene war, weil ihr Geist nicht mit den Gedanken und Sorgen der Erwachsenen angefüllt war, half mir, ruhiger, entspannter und mehr in der Gegenwart zu sein.

Je älter Kinder werden, um so schwieriger wird es, sich zu vergegenwärtigen, daß sie vom Leben geschickte Zen-Meister sind. Die Herausforderung, achtsam zu sein, mich nicht reaktiv zu verhalten, offen meine Reaktionen und Überreaktionen zu beobachten und die Verantwortung dafür zu übernehmen, wenn ich in die Irre gegangen bin, scheint immer größer zu werden, während ich allmählich immer weniger Einfluß auf ihr Leben habe. Alte erlernte Muster aus meiner eigenen Kindheit und Jugend treten mit voller Stärke an die

Oberfläche, bevor mir klar wird, was da vor sich geht: archetypische männliche Vorstellungen, Vorstellungen von meiner Rolle innerhalb der Familie, von legitimer und ungerechtfertigter Autorität und davon, wie ich meine Macht geltend mache, Vorstellungen von der Art der Beziehung zwischen Menschen unterschiedlichen Alters und verschiedener Entwicklungsstufen mit einander oft widersprechenden Bedürfnissen. Jeder Tag ist eine neue Herausforderung. Oft fühle ich mich der Situation nicht gewachsen. Ich spüre, daß sich Abgründe öffnen, und häufig vergesse ich, was es bedeutet, erwachsen zu sein, und ich verfange mich in infantilen Verhaltensweisen. In solchen Situationen bringen mich die Kinder schnell zur Räson. Sie wecken mich auf, wenn meine eigene Achtsamkeit sich nicht der Aufgabe des Augenblicks stellt.

Elternschaft und Familienleben sind ein ausgezeichnetes Feld für die Achtsamkeitspraxis, doch eignet sich dieser Pfad nicht für labile, selbstsüchtige, faule oder hoffnungslos romantische Menschen. Elternschaft ist ein Spiegel, der Sie zwingt, sich selbst ins Gesicht zu sehen. Wenn Sie in der Lage sind, aus dem, was Sie dabei beobachten, zu lernen, haben Sie vielleicht die Chance, bei der Erfüllung dieser Aufgabe selbst zu wachsen.

> Aber das Bewußtsein vorausgesetzt, daß auch zwischen den *nächsten* Menschen unendliche Fernen bestehen bleiben, kann ihnen ein wundervolles Nebeneinanderwohnen erwachsen, wenn es ihnen gelingt, die Weite zwischen sich zu lieben, die ihnen die Möglichkeit gibt, einander immer in ganzer Gestalt und vor einem großen Himmel zu sehen!
>
> Rainer Maria Rilke, *Briefe*

Die Erreichung der Ganzheit fordert den Einsatz des Ganzen. Diese Forderung kann niemand unterbieten, und darum gibt es weder billigere Bedingungen noch Ersatz, noch Kompromiß.

C. G. Jung

Übung: Wenn Sie Mutter, Vater, Großmutter oder Großvater sind, so versuchen Sie, die Kinder als Ihre Lehrer zu sehen. Beobachten Sie sie gelegentlich stillschweigend. Hören Sie ihnen sorgsamer zu. Entziffern Sie ihre Körpersprache. Beurteilen Sie ihre Selbstachtung, indem Sie ihre Haltung studieren und beobachten, was sie zeichnen, was sie betrachten und wie sie sich benehmen. Welche Bedürfnisse äußern sie in diesem Augenblick? In diesem Abschnitt ihres Lebens? Fragen Sie sich: «Wie kann ich ihnen *jetzt* helfen?» Und folgen Sie dann dem, was Ihr Herz Ihnen sagt. Denken Sie stets daran, daß ein Rat in den meisten Situationen wahrscheinlich am wenigsten hilfreich ist, es sei denn, Sie haben ein sehr gutes Gespür für den richtigen Zeitpunkt sowie dafür, *wie* man Dinge in einer bestimmten Situation am besten sagt. Wenn Sie einfach nur zentriert bleiben, völlig präsent, offen und zugänglich, so ist das für die Kinder ein großartiges Geschenk. Und achtsames Umarmen kann auch nicht schaden.

Elternschaft II

Natürlich sind Sie ebensosehr die wichtigsten Lebenslehrer Ihrer Kinder, wie diese Ihre Lehrer sind, und wie Sie diese Rolle erfüllen, spielt für das Leben des Kindes eine ebensowichtige Rolle wie umgekehrt. Ich betrachte die Elternrolle als ein langes, aber vorübergehendes Wachen. Wenn wir von «unseren» Kindern oder «meinen» Kindern sprechen und anfangen, sie als unseren Besitz anzusehen, den wir so gestalten und dirigieren können, daß er unsere Bedürfnisse erfüllt, werden wir, so glaube ich, früher oder später in große Schwierigkeiten geraten. Kinder sind eigenständige Wesen und werden es immer sein. Aber sie brauchen ein großes Maß an Liebe und Anleitung, um ihr Menschsein vollständig entwickeln zu können. Ein guter Wächter oder Führer benötigt Weisheit und Geduld im Überfluß, um weiterzugeben, was für die Generation, die ihm auf dem Weg folgt, am wichtigsten ist. Manche – wozu auch ich gehöre – müssen sich, zusätzlich zu den fürsorglichen Grundinstinkten, praktisch ständig um Achtsamkeit bemühen, um ihre Rolle gut erfüllen zu können. Wir müssen unsere Kinder schützen, während sie ihre eigenen Stärken, Ansichten und Fähigkeiten entwickeln, welche es ihnen ermöglichen, den Weg zu gehen, den sie später selbständig erforschen werden.

Menschen, die den Wert der Meditation für ihr eigenes Leben erkannt haben, erliegen leicht der Versuchung, ihre Kinder ebenfalls zum Meditieren anzuhalten. Das kann ein großer Fehler sein. Meiner Meinung nach ist die beste Art, Kindern Weisheit, Meditation sowie alles andere zu vermitteln, in der eigenen Lebensweise zum Ausdruck zu bringen, was Ihnen am meisten am Herzen liegt, anstatt darüber zu sprechen. Je mehr Sie über Meditation sprechen, ihre Vorzüge rühmen oder darauf beharren, daß Ihre Kinder Dinge auf eine bestimmte Weise tun, um so wahrscheinlicher bringen Sie sie für ihr gesamtes weiteres Leben von eben diesen Dingen ab. Die Kinder spüren Ihre starke Anhaftung an Ihrer Sichtweise, und ihnen wird klarwerden, daß dies nicht ihr eigener Pfad, sondern der Ihre ist.

Der wesentliche Teil des Lehrens geschieht fast vollständig nonverbal. Meine Kinder machen gelegentlich mit mir Yoga-Übungen, weil sie mich manchmal dabei beobachten. Doch meist haben sie wichtigere Dinge zu tun und deshalb kein Interesse an Yoga. Dasselbe gilt für die Sitz-Meditation. Trotzdem ist ihnen klar, was Meditation ist. Sie wissen auch, daß ich Meditation schätze und regelmäßig meditiere. Und wenn sie meditieren wollen, dann wissen sie, wie sie dabei vorgehen müssen, weil sie mit mir zusammen gesessen haben, als sie noch klein waren.

Es gibt natürlich auch Gelegenheiten, bei denen es durchaus sinnvoll ist, Ihren Kindern meditative Übungen zu empfehlen, beispielsweise bei Schmerzen, Angst oder Einschlafschwierigkeiten. Ohne anmaßend oder aufdringlich zu sein, können Sie ihnen in solchen Augenblicken vorschlagen, zu ihrem Atem in Verbindung zu treten, ihn zu verlangsamen, in einem kleinen Boot auf den Wellen zu treiben, die Angst oder den Schmerz zu beobachten, nach Bildern und Farben Ausschau zu halten, ihre Imagination zu benutzen, um mit der Situation zu «spielen» und sich vor Augen zu führen, daß dies nur geistige Bilder sind, die Filmen ähneln, daß sie den

Film, den Gedanken, das Bild, die Farbe verändern können und daß dies dazu führen kann, daß sie sich rasch besser fühlen.

Meist funktioniert das bei Kindern im Vorschulalter gut, doch wenn sie das Alter von sechs, sieben Jahren erreicht haben, kann es passieren, daß ihnen solche Ratschläge peinlich sind oder dumm erscheinen. Aber auch dies ändert sich, und später in ihrer Entwicklung werden sie wieder zugänglicher. In jedem Fall können Sie auf diese Weise Samen säen, die daran erinnern, daß es Möglichkeiten gibt, mit inneren Mitteln Angst und Schmerz zu begegnen, und oft greifen Kinder auf dieses Wissen zurück, wenn sie älter geworden sind.

Fallgruben auf dem Pfad

Wenn Sie dem lebenslangen Pfad der Achtsamkeitsübung folgen, ist das größte potentielle Hindernis in bestimmten Phasen Ihrer Reise zweifellos Ihr Verstand.

Beispielsweise werden Sie von Zeit zu Zeit denken, Sie würden sich bestimmten Ergebnissen nähern, insbesondere dann, wenn Sie gelegentlich ein paar befriedigende Augenblicke erleben, die alles, was Sie zuvor erlebt haben, übertreffen. In solchen Fällen werden Sie möglicherweise denken oder sogar anderen mitteilen, daß Sie «ein Stück» weitergekommen sind, daß Ihre Meditationsübung «funktioniert». Das Ego möchte diese besonderen Gefühle oder dieses neuartige Verständnis für sich reklamieren.

Selbst eine klare Einsicht wird schnell getrübt und verliert ihre Authentizität, sobald diese Art von selbstsüchtigem Denken Anspruch darauf erhebt. Deshalb sollten Sie stets bedenken, daß alle Färbungen von «ich» und «mein» nichts weiter sind als Strömungen des Denkens, die Sie von Ihrem eigenen Herzen und der Reinheit direkter Erfahrungen wegbringen. Die ständige Erinnerung an diese Tatsache hält die Übung für uns in Augenblicken lebendig, in denen wir sie möglicherweise am dringendsten benötigen und in denen wir am ehesten bereit sind, sie zu verraten. Sie hält uns dazu an, tief in uns hineinzuschauen, im Geiste der Selbstbefragung und der aufrichtigen Wißbegier unablässig zu fragen: «Was ist dies? Was ist das?»

Vielleicht werden Sie sich gelegentlich bei dem Gedanken ertappen, daß Sie mit Ihrer Meditationsübung nirgendwohin gelangen. Nichts von dem, was die Übung Ihrer Meinung nach bewirken sollte, ist eingetreten. Ein Gefühl der Schalheit und der Langeweile beherrscht Sie. Auch in diesem Fall ist das Denken das eigentliche Problem. Gegen Gefühle wie die der Schalheit und Langeweile oder daß Sie nirgendwohin kommen, ist an sich nichts einzuwenden, ebensowenig wie gegen das Gefühl, daß Sie weitergekommen sind, und es kann durchaus sein, daß Sie berechtigterweise den Eindruck gewinnen, daß Ihre Übung tiefer und kraftvoller wird. Gefährlich ist, solche Erfahrungen oder Gedanken aufzublasen und sie für etwas Besonderes zu halten. Wenn Sie anfangen, an Ihren Erfahrungen zu haften, stagniert Ihre Übung und Ihre Entwicklung ebenfalls.

Übung: Wenn Sie sich bei dem Gedanken ertappen, weitergekommen zu sein oder nicht zu erreichen, was

Sie glauben erreichen zu müssen, kann es hilfreich sein, sich Fragen zu stellen wie: «Wohin soll ich denn kommen?» – «Warum scheinen manche Geisteszustände weniger wert, beobachtet und als gegenwärtig akzeptiert zu werden, als andere?» – «Lade ich die Achtsamkeit in jeden Augenblick ein, oder ergehe ich mich in geistloser Wiederholung von Meditationsformen? Verwechsle ich die Form mit der Essenz?» – «Benutze ich die Meditation als eine Technik?»

Diese Fragen können Ihnen helfen, über Augenblicke hinwegzukommen, in denen Ihre Übung von Selbstbezogenheit, unreflektierten Gewohnheiten und starken Emotionen beherrscht wird. Die Fragen geleiten Sie zurück zur Frische und Schönheit jedes Augenblicks, so wie er ist. Vielleicht haben Sie vergessen oder nicht völlig begriffen, daß Meditation tatsächlich die einzige menschliche Aktivität ist, bei der man nicht versucht, irgendwo anders hinzugelangen, sondern einfach zuläßt, daß man dort ist, wo und wie man ohnehin schon ist. Dies ist eine bittere Medizin, wenn Ihnen nicht gefällt, was geschieht oder wo Sie sich gerade befinden. Aber besonders in solchen Augenblicken ist es wichtig, diese Medizin zu schlucken.

Ist Achtsamkeit eine spirituelle Praxis?

Das Wort «Spiritualität» stammt vom lateinischen *spirare*, was «atmen» bedeutet. Das Einatmen ist die Inspiration, das Ausatmen die Exspiration. *Spiritus* bedeutet im übertragenen Sinn Geist, Lebensatem, Vitalenergie, Bewußtsein, Seele – göttliche Geschenke, welche uns zuteil werden und die deshalb als ein Aspekt des Heiligen, des Numinosen, des Unaussprechlichen angesehen werden. Im tiefsten Sinne ist der Atem selbst das größte Geschenk des Spirituellen. Doch die Tiefe und das Spektrum seiner Qualitäten bleiben uns verborgen, solange unsere Aufmerksamkeit auf anderes gerichtet ist.

Ich persönlich vermeide das Wort «spirituell» im Zusammenhang mit Achtsamkeit. In bezug auf meine Arbeit in der Klinik, bei der es darum geht, den Aspekt der Achtsamkeit in die Alltagspraxis von medizinischer Therapie und Prävention einzubringen, und die praxisbezogene Arbeit in Gefängnissen, Schulen, mit Firmen und Sportlern erscheint mir das Wort «spirituell» nicht besonders treffend.

Ich will keineswegs leugnen, daß man Meditation grundsätzlich als «spirituelle Übung» betrachten kann. Meditation kann ein tiefgründiger Pfad der Selbstentwicklung sein, der Verfeinerung der Wahrnehmung, der eigenen Anschauungen und des Bewußtseins. Doch kreiert meiner Meinung nach der Begriff der Spiritualität mehr praktische Probleme, als er löst.

Manche Menschen bezeichnen Meditation als eine «Bewußtseinsdisziplin». Ich ziehe diese Formulierung dem Ausdruck «spirituelle Praxis» vor, weil unterschiedliche Menschen dem Wort «spirituell» so unterschiedliche Bedeutungen zuschreiben. Alle diese Bedeutungsvariationen sind zwangsläufig mit Überzeugungen verbunden sowie mit unbewußten Erwartungen, die die meisten von uns nicht gerne hinterfragen und die uns nur zu leicht daran hindern können, uns wirklich weiterzuentwickeln.

Manche ehemalige Meditationskursteilnehmer bezeichnen ihre Zeit in der Streßklinik als die tiefste spirituelle Erfahrung, die sie jemals gehabt hätten. Ich freue mich, daß sie so empfinden, weil es unmittelbar aus ihrer eigenen Erfahrung mit der Meditationspraxis hervorgegangen ist, also nicht aus einer Theorie oder Ideologie oder aus einem Glaubenssystem. Gewöhnlich bin ich mir sicher, daß ich weiß, was sie meinen; aber ich weiß auch, daß sie versuchen, eine innere Erfahrung in Worte zu fassen, die sich letztlich nicht verbal beschreiben läßt. Meine tiefste Hoffnung ist, daß die Erfahrung für sie fortbestehen, daß sie Wurzeln schlagen, lebendig bleiben und wachsen wird. Ich kann nur hoffen, daß sie begriffen haben, daß es bei der Übung nicht darum geht, ein Ziel zu erreichen, und daß es auch nicht um angenehme oder tiefe spirituelle Erfahrungen geht. Ich hoffe, daß sie irgendwann verstehen werden, daß Achtsamkeit jenseits allen Denkens – jenseits allen Wunschdenkens wie auch jeder anderen Form von Denken – liegt und daß das Hier und Jetzt die Stufe ist, auf der sich ihre Arbeit kontinuierlich entfaltet.

Das Konzept der Spiritualität engt unser Denken eher ein, als daß es ihm mehr Raum gibt. Nur zu häufig werden bestimmte Dinge für spirituell gehalten, während andere davon ausgeschlossen werden. Ist Wissenschaft spirituell? Ist Mutter- oder Vatersein spirituell? Sind Hunde spirituell? Ist der Körper spirituell? Ist der Geist spirituell? Und wie steht es mit dem Gebären? Und mit dem Essen? Ist Malen, Musizieren, Spazierengehen oder Blumenpflücken spirituell? Ist Atmen spirituell? Oder Bergsteigen? Offensichtlich hängt das jeweils davon ab, wie Sie sich dem betreffenden Phänomen nähern, wie Sie es in Ihrem Gewahrsein halten.

Achtsamkeit ermöglicht es jeder Erscheinung, in jenem Glanz zu leuchten, den das Wort «spirituell» vermittelt. Einstein sprach von «jenem kosmischen religiösen Gefühl», das er erlebte, als er über die grundlegende Ordnung des physischen Universums nachdachte. Die große Genetikerin Barbara McClintock, deren Forschungsarbeiten sowohl ignoriert als auch von ihren männlichen Kollegen viele Jahre lang herabgewürdigt wurden, bis sie schließlich im Alter von achtzig Jahren den Nobelpreis erhielt, sprach im Zusammenhang mit ihren Untersuchungen der Genetik der Maispflanze von «einem Gefühl *(feeling)* für den Organismus». Vielleicht bedeutet «spirituell» letztlich, die Ganzheit und Verbundenheit aller Dinge direkt zu erfahren, die Sichtweise, daß Individualität und Ganzheit miteinander verwoben sind, daß nichts abgetrennt oder unwesentlich ist. Aus dieser Perspektive betrachtet wird alles im tiefsten Sinne spirituell. Wissenschaftliche Arbeit ist spirituell. Das gleiche gilt aber auch für das Geschirrspülen. Was zählt, sind die innere Erfahrung und das Bei-der-Sache-Sein. Alles andere ist lediglich Denken.

Engstirnige Anschauungen über das Wesen des Spirituellen stellen dieses häufig über den «groben», «verunreinigten» und «verblendeten» Bereich des Körpers, des Verstands und der Materie. Menschen, die solchen Vorstellungen zum Opfer fallen, benutzen Ansichten über Spiritualität häufig dazu, um vor dem Leben davonzulaufen.

Aus mythologischer Perspektive hat die Vorstellung vom Geist (engl.: *spirit*) eine aufwärtsstrebende Qualität. Die spirituelle Energie verkörpert Aufstieg, ein Sicherheben über die erdgebundenen Qualitäten dieser Welt, hin zu einer Welt des Nichtmateriellen, die von

Licht und Strahlen erfüllt ist, einer Welt jenseits der Gegensätze, in der alles im Einssein, im Nirwana, im Himmel, in einer kosmischen Einheit verschmilzt. Doch Einheit ist eine leider seltene menschliche Erfahrung, und außerdem bestehen Einheitserlebnisse nur zu oft zu neun Zehnteln aus Wunschdenken (in jedem Fall aus Denken) und zu nur einem Zehntel aus direkter Erfahrung. Die Suche nach der spirituellen Einheit wird besonders in der Jugend häufig von Naivität und einer romantischen Sehnsucht getragen, den Schmerz, das Leiden und die Verpflichtungen dieser Welt der Besonderheit und des Soseins zu überwinden.

Die Idee der Transzendenz kann eine ungeheure Ausflucht sein, ein hochpotenter Kraftstoff der (Selbst-) Täuschung. Deshalb wird in der buddhistischen Tradition und insbesondere im Zen immer wieder betont, wie wichtig es ist, zum Gewöhnlichen und Alltäglichen zurückzukommen, zu einer Haltung, die durch den Ausdruck «sich frei und leicht auf dem Marktplatz bewegen» umschrieben wird. Das bedeutet, *überall* geerdet zu sein, in allen nur denkbaren Situationen und völlig gegenwärtig. Zen-Praktiker haben hierfür die wunderbar unehrerbietige und provozierende Spruchweisheit: «Wenn du den Buddha triffst, dann töte ihn.» Das bedeutet, daß jede konzeptuelle Anhaftung an den Buddha oder die Erleuchtung weit von dem entfernt ist, worum es tatsächlich geht.

Achten Sie darauf, daß das Bild des Berges, das wir bei der Berg-Meditation benutzen, nicht nur aus der Erhabenheit des Gipfels besteht, der sich hoch über all die «Niedrigkeit» des alltäglichen Lebens erhebt. Es beinhaltet auch die Geerdetheit der Basis, die im Felsgestein verwurzelt ist, die Bereitschaft, ungeachtet aller

Schwierigkeiten zu sitzen und zu sein, im Nebel, bei Regen, Schnee und Kälte oder, im übertragenen Sinn, bei Depression, Angst, Verwirrung, Schmerz und Leiden.

Fels, so erinnern uns Erforscher der Psyche, ist ein Symbol für die *Seele* (engl. *soul*) im Gegensatz zum Geist (engl. *spirit*). Ihre Richtung führt abwärts. Die Reise der Seele ist ein symbolischer Abstieg, bei dem man sich unter die (Erd-)Oberfläche begibt. Auch Wasser ist ein Symbol für die Seele und verkörpert das abwärtsgerichtete Element, wie beispielsweise in der See-Meditation. Wasser sammelt sich an niedrig gelegenen Orten; es wird vom Fels gehalten, ist dunkel und geheimnisvoll, empfänglich.

Die Seele wurzelt in der Vielfalt, nicht in der Einheit. Sie wurzelt in der Komplexität und Ambiguität, in der Besonderheit und Soheit. Geschichten von Seelen handeln von der Suche, davon, das eigene Leben aufs Spiel zu setzen, in der Dunkelheit zu bestehen und Schatten zu begegnen, davon, begraben oder im Wasser versenkt zu werden, verloren und verwirrt zu sein, aber trotzdem durchzuhalten. Indem wir durchhalten, treten wir schließlich in Kontakt mit unserem eigenen goldenen Glanz. Der goldene Glanz war immer dort, aber er mußte neu entdeckt werden durch den Abstieg in Dunkelheit und Kummer.

Während der Zeit des Abstiegs findet eine innere Entwicklung statt, ein Reifungsprozeß, eine Metamorphose, ein Prozeß der Mäßigung, aus dem schließlich ein vollständig entwickeltes menschliches Wesen hervorgeht, strahlend und golden, aber auch bewandert in den weltlichen Künsten, nicht länger ein passiver und naiv handelnder Mensch. Der vollständig entwickelte

Mensch verkörpert die Einheit von Seele und Geist, von Aufwärts und Abwärts, von Materiellem und Nichtmateriellem.

Die Meditationsübung spiegelt diese Reise des Wachstums und der Entwicklung wider. Auch sie führt uns sowohl abwärts als aufwärts, fordert von uns, daß wir Schmerz und Dunkelheit ebenso wie Freude und Licht ins Antlitz schauen und annehmen. Die Übung erinnert uns daran, alles, was in uns auftaucht, und ebenso jede Situation, in der wir uns befinden, für die Befragung zu nutzen, als Gelegenheit, uns zu öffnen, an Stärke und Weisheit zu wachsen und unseren eigenen Weg zu gehen.

Für mich sind Wörter wie «Seele» und «Geist» Versuche, die innere Erfahrung menschlicher Wesen zu beschreiben, während wir uns selbst kennenzulernen und unseren Platz in der Welt zu finden versuchen. Bei wahrhaft «spiritueller» Arbeit kann die Seele niemals ausgespart bleiben, und ebensowenig darf bei der Arbeit an der Seele die geistige Komponente fehlen. Unsere Dämonen, Drachen, Zwerge, Hexen und Menschenfresser, unsere Prinzen und Prinzessinnen, unsere Königinnen und Könige, unsere Abgründe, Grale und Kerker sind allesamt hier und jetzt, bereit, uns zu unterweisen. Vielleicht ist das «Spirituellste», was wir tun können, durch unsere eigenen Augen zu schauen, mit den Augen der Ganzheit zu sehen und mit Integrität und Güte zu handeln.

Kassetten mit Anleitungen zur Achtsamkeitsmeditation mit Jon Kabat-Zinn können interessierte Leser bestellen. Ihre Anwendung wird in *Gesund und streßfrei durch Meditation – Das große Buch der Selbstheilung* (München 1991) beschrieben. Es gibt die Kassetten allerdings nur auf englisch; sie werden vom Autor wie folgt angeboten (alle Angaben im Zusammenhang mit diesen Kassetten – Adresse, Preise etc. – erfolgen von seiten des Verlages ohne Gewähr):

Tape 1. Guided Body Scan Meditation/Guided Yoga 1
(45 Minuten pro Seite)
Tape 2. Guided Sitting Meditation/Guided Yoga 2
(45 Minuten pro Seite)

Bitte fügen Sie pro Kassette $ 1 für Porto und Verpackung bei. Wenn Sie eines oder mehrere Bänder bestellen wollen, gehen Sie bitte nach folgendem Muster vor:

SEND ORDERS TO: STRESS REDUCTION TAPES
P.O. Box 547
Lexington, MA 02173
USA

Please send me:

	# of copies		Total $
Tape 1	________	$ 10.00 per tape	______
Tape 2	________	$ 10.00 per tape	______
		add $ 1.00 per tape for postage and handling	______
		Total enclosed	______

Der Bestellung legen Sie am besten eine internationale Postanweisung über die entsprechende Summe bei oder fragen bei der obengenannten Adresse an, ob es noch andere Zahlungsmöglichkeiten gibt.

Im übrigen gibt es auf dem deutschen Markt eine ganze Reihe recht guter Kassetten, die dem Anfänger den Einstieg in Meditation und Yoga erleichtern können.